AF282884

GUILLERMO MAYAYO GARCÍA

TRABAJAS DEMASIADO PARA GANAR TAN POCO

Manual de gestión para dueños de pymes
atrapados en su negocio

A mi familia,
por sostenerme incluso cuando el trabajo
ocupó más espacio del que debía.

A mi mujer, mi pilar de apoyo,
por estar siempre,
incluso cuando no era fácil.

Y a todos mis amigos, muchos de ellos también clientes,
así como a las personas con las que he compartido proyectos, negocios,
procesos de formación y experiencias profesionales.

Este libro nace de esas conversaciones reales,
de decisiones tomadas con dudas,
de errores, aprendizajes
y de una misma inquietud compartida:
hacer que el esfuerzo merezca la pena.

ÍNDICE

BLOQUE IV - EL SISTEMA COMERCIAL

¿Cómo dejar de improvisar las ventas y empezar a vender con método?

BLOQUE V - LA SALIDA (PROFESIONALIZAR)

¿Cómo dejo de estar atrapado/a?

EPÍLOGO

ANEXO

PRÓLOGO

El cansancio del empresario/a no es normal

"No puedo más…"

El mensaje me llegó un día cualquiera, a las diez y cuarenta y siete de la noche.

No era un drama.
No había enfado.
No había queja.
Solo cansancio.

Lo curioso es que, desde fuera, todo parecía ir bien.
Facturaba más que nunca.
Tenía empleados, clientes, trabajo de sobra.
La empresa funcionaba.

Pero por dentro estaba agotado.

Y no era un mal día.

Ni una semana complicada.

Era ese cansancio raro que se va acumulando cuando la empresa depende demasiado de ti. Cuando no puedes desconectar del todo. Cuando, aunque todo "vaya bien", sientes que algo no encaja.

Ese mensaje —o versiones muy parecidas— lo he leído muchas veces.

Y siempre detrás hay el mismo patrón: personas que trabajan mucho, que hacen las cosas razonablemente bien… y aun así sienten que algo no cuadra.

Si eres dueño de una pyme, es muy probable que estés cansado.

No el cansancio puntual de un mal día o de una semana complicada.

Hablo de otro tipo de cansancio.

El de llegar siempre el primero y marcharte el último.

El de sentir que, hagas lo que hagas, nunca es suficiente.

El de saber —porque lo sabes— que la empresa depende demasiado de ti.

Y aun así, sigues.

Sigues porque hay nóminas que pagar y clientes que atender.

Sigues porque parar no es una opción.

Porque llevas años repitiéndote que "esto mejorará".

Lo que quizá nadie te ha dicho nunca es algo muy simple:

ese cansancio no es normal.

Se ha normalizado, sí.

Se ha romantizado incluso.

Pero no es normal.

Durante años se ha vendido la idea de que ser empresario es sinónimo de sacrificio constante. De jornadas interminables. De vivir con el teléfono encendido las veinticuatro horas. De asumir que, si algo falla, eres tú quien debe solucionarlo.

Y muchos lo habéis aceptado como parte del trato.

El problema es que, con el tiempo, ese "esfuerzo temporal" se convierte en una forma permanente de trabajar. Y entonces pasa algo peligroso: la empresa deja de ser un proyecto para convertirse en una carga.

Una carga que ocupa tu cabeza incluso cuando no estás en la oficina, que no te permite desconectar del todo y que te da ingresos, sí, pero no la tranquilidad que esperabas cuando empezaste.

Este libro no está escrito para empresarios que quieren hacerse ricos rápido, ni para quienes buscan fórmulas mágicas, ni para quienes disfrutan viviendo permanentemente al límite.

Este libro está escrito para dueños de pymes que trabajan mucho, hacen las cosas razonablemente bien… y aun así sienten que algo no cuadra.

Facturan.

Tienen clientes.

Tienen actividad.

Pero cuando miran los números con calma, el resultado no refleja ni de lejos el esfuerzo que están poniendo.

Y ahí aparece la pregunta incómoda: "¿De verdad todo esto merece la pena?

La mayoría de empresarios no fracasan; ese es el gran mito. La mayoría se queda atrapada en empresas que sobreviven, pero no avanzan; en negocios que funcionan, pero no liberan; en proyectos que dependen tanto de su dueño que, sin él, simplemente no existen.

Y lo más duro es que, desde fuera, parecen empresas "normales", incluso exitosas. Desde dentro, sin embargo, la sensación es otra: demasiadas decisiones, demasiadas urgencias, demasiadas horas… y demasiado poco beneficio real.

Hay algo que conviene decir desde el principio, aunque incomode: trabajar mucho no es una estrategia empresarial. Es esfuerzo, es compromiso, es responsabilidad, pero no es gestión. La gestión es otra cosa.

Gestionar tiene que ver con tomar decisiones con criterio, con ordenar, priorizar y medir, con diseñar una empresa que funcione incluso cuando tú no estás encima de todo. Y ahí es donde muchas pymes fallan: no por falta de ganas ni por falta de talento, sino por falta de método.

La mayoría de empresarios aprende su oficio: aprende a vender, a producir y a resolver problemas. Pero a casi nadie le enseñan a dirigir una empresa. Nadie les explica qué números importan de verdad, cómo delegar sin miedo, cómo tomar decisiones fiscales y estructurales con visión estratégica o cuándo conviene crecer y cuándo es mejor parar.

Así que improvisan. Como pueden, con buena intención, pero improvisan. Y una empresa improvisada suele tener siempre el mismo resultado: mucho trabajo y poco beneficio.

Este libro no pretende decirte que lo estás haciendo todo mal. Probablemente estés haciendo muchas cosas bien. Lo que pretende es ayudarte a ver tu empresa con otros ojos, a identificar por qué trabajas tanto, a entender por qué el dinero no rinde como debería y, sobre todo, a darte claridad.

Porque cuando hay claridad, las decisiones cambian. Y cuando las decisiones cambian, la empresa empieza a ordenarse.

A lo largo de estas páginas no encontrarás grandes teorías ni modelos imposibles de aplicar. Encontrarás situaciones reales, errores habituales, decisiones mal tomadas —y cómo corregirlas— y una idea que se repite constantemente, aunque no siempre se diga en voz alta: una empresa no debería depender únicamente del instinto del empresario.

Puede que, mientras leas este libro, te sientas identificado más veces de las que te gustaría. Puede que algunas páginas te incomoden y que, en algún momento, pienses: "esto lo tendría que haber hecho hace años". Es normal.

La buena noticia es que nunca es tarde para profesionalizar una empresa. Pero cuanto antes se haga, antes deja de doler.

A lo largo de este libro no solo vas a entender por qué trabajas tanto.

Vas a aprender a mirar tu empresa con criterios claros.

A saber qué números importan de verdad.

A distinguir qué decisiones te están robando tiempo y cuáles te devuelven control.

No para trabajar menos por capricho, sino para dejar de cargar tú solo con lo que la empresa debería sostener por sí misma.

Si has llegado hasta aquí, probablemente intuyes que tu empresa puede funcionar mejor, que tú puedes vivir mejor y que trabajar tanto para ganar tan poco no debería ser el precio a pagar por emprender. Este libro es el primer paso para dejar de normalizar el agotamiento y empezar a gestionar con criterio.

La pregunta ya no es si tu empresa puede mejorar.

La pregunta es si estás dispuesto a dejar de hacerlo todo tú… y empezar a dirigirla de verdad

BLOQUE - I

EL PROBLEMA

(Cuando el esfuerzo deja de compensar)

Este libro no empieza hablando de gestión, sino de una sensación: la de trabajar demasiado, de estar siempre ocupado y de asumir responsabilidades que no se acaban nunca. Porque antes de hablar de soluciones, hay que reconocer el problema, y el problema no es la falta de esfuerzo, ni de compromiso, ni de talento, sino que muchos empresarios viven atrapados en un modelo que exige cada vez más… y devuelve cada vez menos.

En esta primera parte no vamos a juzgar decisiones ni a señalar errores técnicos. Vamos a poner palabras a lo que muchos empresarios sienten, pero pocas veces expresan: el cansancio constante, la dependencia excesiva de la empresa y la frustración de facturar sin ver reflejado el esfuerzo.

No para recrearnos en ello, sino para entender por qué ocurre. Si te reconoces en lo que lees, no es casualidad. No es que lo estés haciendo todo mal; es que la mayoría de pymes crecen sin una base de gestión clara y, cuando eso pasa, el empresario acaba sosteniendo con su tiempo y su energía lo que la empresa no sostiene por sí sola.Esta parte del libro sirve para una cosa muy concreta: **darte contexto**.

Para que entiendas que lo que te ocurre no es excepcional. Es habitual. Y, sobre todo, tiene explicación.

Antes de pensar en cambiar la empresa, hay que entender por qué te sientes como te sientes dentro de ella.

Eso es lo que empieza aquí.

CAPÍTULO 1

Trabajar más no es gestionar mejor

Hay empresarios que trabajan doce horas al día, otros catorce y algunos incluso más, convencidos de que ese es el precio normal de tener una empresa. La pregunta incómoda es esta: ¿de verdad tanto trabajo está dando el resultado que esperabas?

Trabajar mucho es admirable, pero no siempre es inteligente. Cuando una empresa no va bien, la reacción habitual del empresario es sencilla: trabajar más. Más horas, más esfuerzo, más control y más implicación personal. Durante un tiempo parece que funciona: se apagan fuegos, se cumplen plazos y se saca el trabajo adelante.

El problema es que ese "tirar para delante" acaba convirtiéndose en la forma habitual de gestionar la empresa. Y entonces pasa algo curioso: la empresa se mueve, pero no avanza.

Muchos empresarios terminan el día con la sensación de haber estado ocupados sin parar. Han resuelto incidencias, contestado mensajes, tomado decisiones pequeñas y apagado fuegos, pero si al final del día se preguntan qué decisión han tomado que mejore la empresa dentro de seis meses, la respuesta suele ser ninguna. Mucha actividad, poco criterio.

Hay una confusión muy extendida en las pymes: creer que cuanto más se trabaja, mejor se gestiona. No es verdad. Trabajar es hacer. Gestionar es decidir. Y no son lo mismo.

Puedes trabajar muchísimo y tomar malas decisiones. Puedes estar siempre ocupado y no ir en la dirección correcta. Puedes acabar el día agotado y, aun así, no haber hecho nada realmente importante para el futuro de tu empresa.

Muchos empresarios llenan su agenda de tareas: responden llamadas, atienden clientes, resuelven problemas, firman papeles y apagan incendios. Cuando llegan a casa están reventados, y con razón. Pero si les preguntas qué decisión estratégica han tomado hoy, la respuesta suele ser un silencio incómodo.

Gestionar no es hacer más cosas; es hacer las cosas correctas. Y eso requiere algo que escasea en muchas pymes: tiempo para pensar. Pensar no parece trabajo, no cansa físicamente ni se ve, pero es lo que marca la diferencia entre una empresa que sobrevive y una que se ordena.

Muchos empresarios se sienten culpables cuando no están "haciendo", cuando no están resolviendo algo o metidos en el barro. Piensan que si se paran, la empresa se para. Y muchas veces tienen razón. Pero ese es precisamente el problema.

Si tu empresa solo funciona cuando tú estás encima, no tienes una empresa: tienes un autoempleo muy exigente. Gestionar mejor no significa trabajar menos de golpe; significa trabajar con más criterio.

Significa preguntarte cosas como:

- ¿Esto que hago hoy debería hacerlo yo?
- ¿Esto aporta valor o solo me mantiene ocupado?
- ¿Esta decisión mejora la empresa o solo soluciona el día?

Son preguntas sencillas, pero muy pocos se las hacen con calma.

Trabajar más suele ser una respuesta automática; gestionar mejor, en cambio, es una decisión consciente. Y esa decisión suele incomodar al principio, porque obliga a cambiar hábitos, a soltar control y a aceptar que no todo depende de ti. Pero es la única forma de dejar de correr todo el día sin llegar nunca a donde querías.

Una empresa bien gestionada no es la que tiene al empresario más ocupado.

Es la que funciona con menos urgencias.

Con más claridad.

Con mejores decisiones.

Y eso no se consigue echando más horas. Se consigue ordenando la forma de dirigir.

Para pensar (de verdad)

- ¿Cuántas horas trabajas a la semana?
- ¿Cuántas de esas horas las dedicas a decidir, y no solo a hacer?
- Si mañana dejaras de estar encima de todo, ¿qué pasaría?

No son preguntas agradables.

Pero son necesarias.

Porque hasta que no entiendas que trabajar más no es gestionar mejor, seguirás cansado… y probablemente seguirás ganando menos de lo que deberías.

CAPÍTULO 2

El falso éxito de tener la agenda llena

Hay empresarios que presumen de no parar: la agenda a rebosar, el móvil sonando todo el día, reuniones encadenadas y mensajes sin responder. Y cuando alguien les pregunta cómo van, responden casi con orgullo: "Fatal de tiempo, pero bueno… ya sabes". Como si ir siempre al límite fuera una medalla.

Durante mucho tiempo se ha confundido estar ocupado con estar haciendo las cosas bien, y en la pyme esa confusión es especialmente peligrosa. Porque una agenda llena da una sensación engañosa de control, de utilidad y de importancia. "Si tengo tanto que hacer, será porque soy necesario". Y ahí empieza el problema.

Tener la agenda llena no significa que la empresa vaya bien; significa que tú estás absorbiendo demasiadas cosas. Llamadas que no deberías atender, decisiones pequeñas que no deberías tomar y problemas que no deberías resolver personalmente.

Pero los resuelves. Porque puedes, porque sabes, porque es más rápido hacerlo tú y porque, en el fondo, te tranquiliza.

La agenda llena es cómoda. No deja espacio para pensar, no deja hueco para cuestionarte nada y no deja tiempo para tomar perspectiva.

Mientras vas de una cosa a otra, no tienes que enfrentarte a preguntas incómodas como:

- ¿Estoy dirigiendo o solo reaccionando?
- ¿Esto es sostenible a largo plazo?
- ¿De verdad necesito estar en todo?

La ocupación constante anestesia.

Una agenda llena suele verse así:

- Reuniones encadenadas desde primera hora.
- Interrupciones constantes.
- Mensajes que se responden entre tarea y tarea.

El día termina con doce horas trabajadas… y ninguna decisión relevante tomada.

No porque el empresario no sepa decidir, sino porque no ha tenido ni un solo momento para hacerlo.

Muchos empresarios dicen: "Cuando tenga más tiempo, ya me organizaré mejor."

Pero ese tiempo no llega nunca.

Porque cuanto más haces, más dependiente se vuelve la empresa de ti y, cuanto más dependiente es la empresa, más cosas tienes que hacer. Es un círculo perfecto… y agotador.

Una agenda llena suele ser la señal de algo que no funciona bien por debajo.

Puede ser:

- Falta de procesos
- Falta de delegación
- Falta de claridad en roles
- Falta de prioridades

O todo a la vez.

Pero casi nunca es señal de buena gestión.

Gestionar bien implica vaciar la agenda de lo que no te corresponde, y eso cuesta. Cuesta porque hay tareas que te gustan, tareas que dominas y tareas que te hacen sentir imprescindible. Pero ser imprescindible no es un objetivo empresarial; es un riesgo.

Una empresa sana no necesita al empresario en todo. Lo necesita donde aporta más valor.

- Pensando.
- Decidiendo.
- Marcando rumbo.
- Corrigiendo desviaciones.

No respondiendo cada correo ni resolviendo cada incidencia.

Hay una pregunta muy reveladora que pocos empresarios se hacen:

Si hoy no viniera a la oficina, ¿qué tareas se quedarían bloqueadas sin mí?

Si la respuesta es "muchas", no es compromiso. Es dependencia. Y esa dependencia te ata a una agenda imposible.

El verdadero éxito no es tener la agenda llena, sino tener la agenda correcta: con espacios para pensar, huecos para decidir, tiempo para revisar números y margen para anticiparte en lugar de reaccionar. Eso no te hace menos empresario; te hace mejor director.

Para pensar (sin excusas)

- ¿Tu agenda refleja tus prioridades... o tus miedos?
- ¿Qué tareas sigues haciendo solo porque siempre las has hecho tú?
- ¿Qué pasaría si liberaras un 20 % de tu tiempo cada semana?

No se trata de trabajar menos por capricho, sino de trabajar mejor. Porque una agenda llena puede hacerte sentir ocupado, pero solo una agenda bien pensada puede ayudarte a dejar de trabajar tanto para empezar, por fin, a ganar lo que merece tu esfuerzo.

CAPÍTULO 3

Cuando la empresa depende demasiado de ti

Hay un momento en la vida de muchas pymes en el que el empresario deja de ser el motor… y se convierte en el eje.

Todo pasa por él.

Todo se decide con él.

Todo se desbloquea gracias a él.

Desde fuera, puede parecer liderazgo. Desde dentro, suele ser otra cosa: dependencia.

Al principio, esa dependencia parece lógica. La empresa nace de una idea, de un empuje personal, de una intuición; el empresario conoce el negocio mejor que nadie, decide rápido, resuelve problemas y tira del carro cuando hace falta.

El problema aparece cuando esa fase inicial no se supera nunca. Cuando pasan los años y la empresa sigue necesitando al empresario para absolutamente todo, cuando ninguna decisión avanza sin su visto bueno, cuando cualquier ausencia genera nerviosismo y el negocio no funciona si él no está presente.

En ese punto, la empresa no está mal gestionada; está excesivamente personalizada. Muchas pymes no dependen de un sistema: dependen de una persona.

Y eso tiene consecuencias.

La primera consecuencia es evidente: agotamiento.

El empresario no descansa de verdad: no desconecta y no se permite fallar ni desaparecer unos días. Incluso cuando está físicamente fuera, sigue tomando decisiones desde el móvil, una llamada o un mensaje rápido. La empresa no se para… pero tampoco avanza.

La segunda consecuencia es menos visible, pero más peligrosa: la empresa no aprende.

Cuando todo pasa por el empresario:

- el equipo no decide

- los errores no se analizan

- las responsabilidades se diluyen

La gente ejecuta, pero no piensa: espera instrucciones, consulta todo y, poco a poco, se instala una cultura silenciosa en la que es mejor preguntar que decidir.

La tercera consecuencia es estratégica: la empresa no escala.

No puede crecer de forma ordenada algo que depende tanto de una sola persona, ni profesionalizarse una empresa donde el conocimiento está solo en una cabeza, ni ganar solidez un negocio sin estructura. En esos casos, el crecimiento no libera: aumenta la presión. Más clientes, más facturación, más problemas y más decisiones concentradas en el mismo sitio.

Hay empresarios que dicen:

—Prefiero que todo pase por mí, así controlo.

Lo que no siempre ven es el coste real de ese control.

Controlar todo significa:

- decidir sobre cosas pequeñas

- retrasar decisiones importantes

- asumir errores que no te corresponden
- frenar a personas que podrían aportar más.

Y, sobre todo, impedir que la empresa funcione sin ti.

Una empresa que depende demasiado de su dueño tiene un valor muy limitado, no solo económico, sino también personal. Porque no te permite elegir, ni parar, ni cambiar de ritmo, ni pensar en el largo plazo. Te obliga a estar siempre.

Profesionalizar una pyme no significa que el empresario desaparezca. Significa que deja de ser imprescindible en lo operativo para convertirse en necesario en lo estratégico. Es un cambio profundo y no siempre cómodo, que implica documentar lo que antes estaba solo en tu cabeza, definir responsabilidades, aceptar que otros decidan —y se equivoquen— y construir criterios en lugar de dar órdenes. Pero es el único camino para que la empresa madure.

Las empresas que funcionan bien no son las que tienen empresarios más presentes, sino las que tienen estructuras más claras: roles definidos, decisiones repartidas, procesos conocidos e información compartida. En esas empresas, el empresario sigue siendo clave, pero ya no es el cuello de botella.

Hay una pregunta que separa claramente dos tipos de negocios:

¿Tu empresa podría funcionar razonablemente bien sin ti durante unas semanas?

Si la respuesta es no, no es un problema de compromiso. Es un problema de gestión. Y cuanto antes se aborde, mejor.

Reducir la dependencia no es perder control.

Es ganar solidez.

Es pasar de una empresa frágil —aunque muy trabajada— a una empresa más estable, más ordenada y más rentable.

Porque cuando todo depende de ti, todo pesa sobre ti. Y ninguna empresa debería sostenerse únicamente sobre los hombros de una persona.

Para reflexionar con calma

- ¿Qué decisiones pasan siempre por ti sin necesidad real?
- ¿Qué conocimiento clave solo está en tu cabeza?
- ¿Qué pasaría si mañana no pudieras estar durante un mes?

Responder con honestidad a estas preguntas no es fácil, pero es el primer paso para dejar de ser imprescindible… y empezar a ser verdaderamente director de tu empresa.

CAPÍTULO 4

Facturar mucho y ganar poco: el gran autoengaño

Hay una frase que se repite en muchas pymes como si fuera un consuelo: —Bueno, al menos estamos facturando.

Se dice en voz alta para tranquilizarse.

Para justificar el cansancio.

Para convencerse de que todo ese esfuerzo tiene sentido.

El problema es que facturar no es ganar dinero, y confundir ambas cosas es uno de los errores más caros —y más habituales— del empresario pyme. La facturación es ruido; el beneficio es realidad. La facturación impresiona; el beneficio sostiene.

Y, sin embargo, muchos empresarios saben exactamente cuánto facturan, pero no podrían explicar con claridad cuánto ganan de verdad. No porque no quieran, sino porque nunca nadie les ha enseñado a mirar los números con criterio empresarial.

Durante años se ha transmitido una idea peligrosa: si la facturación crece, todo irá bien. Eso puede ser cierto en grandes organizaciones con estructura, control y margen; en una pyme, no necesariamente. De hecho, en muchas pequeñas empresas ocurre justo lo contrario: cuanto más facturan, más se complican, con más costes, más personal, más decisiones, más tensión de caja y más dependencia del empresario.

Y al final del mes, la pregunta sigue siendo la misma:

—¿Dónde está el dinero?

He visto empresas que facturaban cerca de un millón de euros al año y aun así vivían al límite.

Márgenes ajustados.

Mucha presión.

Cero tranquilidad.

Desde fuera parecían negocios sólidos.

Desde dentro, eran estructuras sostenidas a base de esfuerzo personal.

El autoengaño empieza cuando el empresario mide el éxito con el indicador equivocado.

Facturar mucho permite:

- sentirse activo
- justificar jornadas interminables
- transmitir una imagen de empresa "que va bien"

Pero no garantiza ni rentabilidad ni tranquilidad.

Una empresa puede facturar más cada año y, aun así, ganar menos, vivir al límite de la caja y depender cada vez más de su dueño. Y eso no es crecimiento; es desgaste.

El problema no es no saber de finanzas, sino no saber qué números importan. La mayoría de empresarios no necesita dominar contabilidad avanzada; necesita entender tres cosas muy concretas: cuánto margen real tiene su negocio, qué estructura de costes está soportando y cuánta caja genera —o destruye— cada decisión. Sin eso, la empresa se dirige a ciegas.

Hay decisiones que parecen lógicas desde la facturación y son desastrosas desde el beneficio: aceptar trabajos mal pagados "para no parar", mantener clientes poco rentables "por volumen", subir costes fijos porque "vamos creciendo" o ajustar precios por miedo a perder clientes. Todas tienen algo en común: se toman mirando ingresos, no resultados.

Un empresario puede trabajar más que nunca, facturar más que nunca… y ganar menos que hace cinco años. Y cuando eso ocurre, el problema no es el mercado, ni el sector, ni la competencia. El problema es no tener un criterio claro de rentabilidad.

Las empresas bien gestionadas no se preguntan solo:

—¿Cuánto hemos vendido?

Se preguntan:

—¿Cuánto hemos ganado con esto?

—¿A qué precio?

—¿Con qué esfuerzo?

—¿Con qué coste personal?

Porque el beneficio no es solo un número. Es una señal.

Indica si la empresa es sostenible, si compensa el riesgo asumido y si el modelo tiene sentido. Cuando el beneficio es bajo o inexistente de forma recurrente, el mensaje es claro: algo estructural no está funcionando.

Puede ser:

- precios mal calculados
- costes descontrolados
- mala organización
- decisiones fiscales poco pensadas

O una combinación de todo.

Pero insistir en facturar más sin corregir eso no soluciona nada. Solo acelera el problema.

Una empresa no debería ser una máquina de generar trabajo para su dueño, sino una herramienta para crear valor, estabilidad y margen. Y eso solo se consigue cuando el empresario deja de mirar únicamente la facturación y empieza a dirigir con criterios económicos reales.

Hay una pregunta que resume este capítulo mejor que cualquier gráfico: si mañana facturaras un 20 % menos, ¿tu vida cambiaría mucho?

Si la respuesta es no, quizá la facturación no sea el problema.

Si la respuesta es sí, entonces no estás ganando lo suficiente para el esfuerzo que haces, y eso merece una revisión profunda.

Para pensar con números, no con sensaciones

- ¿Sabes cuánto ganas realmente al final del año, después de todo?

- ¿Qué clientes te aportan margen… y cuáles solo ocupan tiempo?

- ¿Tus decisiones se basan en ingresos o en rentabilidad?

Hasta que estas preguntas no tengan respuestas claras, seguirás trabajando mucho… con la sensación de que el dinero nunca termina de llegar.

"Para entender por qué ocurre esto, primero hay que revisar cómo estás actuando como empresario."

BLOQUE II

EL ERROR (MENTALIDAD)

¿Qué estoy haciendo mal como empresaria/o?

CAPÍTULO 5

Hacer de todo te está frenando

El error no es trabajar mucho. Es trabajar mal posicionado.

Durante años se ha instalado una idea peligrosa en el mundo de la pyme: un buen empresario es aquel que sabe hacer de todo.

- Vende.

- Compra.

- Gestiona.

- Resuelve problemas.

- Apaga fuegos.

Toma decisiones grandes y pequeñas.

Desde fuera, parece admirable.

Desde dentro, suele ser agotador.

Y desde el punto de vista de la gestión, es profundamente ineficiente.

Uno de los grandes errores del empresario pyme es confundir capacidad con función. Que sepas hacer algo no significa que debas hacerlo, que puedas hacerlo rápido no significa que sea lo mejor para la empresa y que siempre lo hayas hecho tú no significa que deba seguir siendo así.

Peter Drucker, considerado por muchos el padre del management moderno, lo expresó con claridad hace décadas:

"La función del directivo no es hacer el trabajo, sino hacer que el trabajo se haga."

Sin embargo, en la pyme ocurre justo lo contrario.

El empresario no solo dirige: ejecuta constantemente. Y cuanto más ejecuta, menos dirige.

Hacer de todo da una sensación engañosa de control, pero también genera tres problemas estructurales muy serios.

El primero es evidente: dispersión.

La atención del empresario se reparte entre demasiadas tareas, nada se piensa a fondo y todo se resuelve "como se puede".

El segundo es menos visible: falta de foco estratégico.

Cuando estás en todo, no estás en lo importante. No revisas números con calma y no analizas procesos.

Como consecuencia, no tomas decisiones de medio y largo plazo.

El tercero es el más dañino: la empresa se adapta a tu sobreesfuerzo.

Se acostumbra a que tú estés siempre, a que resuelvas y a que decidas, y eso hace que deje de desarrollarse por sí misma.

El economista y profesor Michael Porter lo explicó desde otra perspectiva:

"La esencia de la estrategia es elegir qué no hacer."

En muchas pymes no hay estrategia no porque falte inteligencia, sino porque no hay espacio para elegir. Todo parece urgente, todo parece necesario, y el empresario acaba atrapado en una operativa infinita.

Hacer de todo no es un signo de liderazgo; es una señal de que la empresa no está bien estructurada. Una empresa madura no necesita que su dueño lo sepa todo: necesita que defina criterios, no que ejecute cada tarea.

Necesita:

- roles claros
- responsabilidades asumidas
- decisiones distribuidas
- información compartida.

Eso no ocurre por casualidad: ocurre cuando el empresario deja de ser "el que hace" y empieza a ser "el que decide". Muchos empresarios temen dejar de hacer porque confunden delegar con perder control, pero delegar no es desaparecer, sino cambiar el tipo de control: pasar del control por presencia al control por criterios, del "yo lo hago" al "yo decido cómo se hace y reviso el resultado".

Ese cambio no es cómodo, pero es imprescindible. Porque las empresas que funcionan mejor no son las que tienen empresarios más trabajadores, sino las que tienen empresarios mejor posicionados.

Empresarios que:
- no están en todas las reuniones
- no resuelven todos los problemas
- no toman todas las decisiones pequeñas.

Pero sí están:
- en las decisiones clave
- en la definición de prioridades
- en el control de los números
- en la dirección del conjunto.

Hay una pregunta que resume este capítulo con crudeza:

Si mañana contrataras a alguien para hacer exactamente lo que haces tú en el día a día,

¿seguirías siendo necesario?

Si la respuesta es no, no estás dirigiendo una empresa: estás sosteniendo una estructura que depende demasiado de ti.

Dejar de hacer de todo no te resta valor; te devuelve el lugar que te corresponde, el lugar desde el que una empresa se ordena, crece y se vuelve sostenible. Porque mientras sigas intentando llegar a todo, la empresa seguirá necesitando demasiado de ti y dándote menos de lo que debería a cambio.

Para reflexionar con criterio

- ¿Qué tareas haces solo porque siempre las has hecho tú?
- ¿Dónde aportas más valor: ejecutando o decidiendo?
- ¿Qué pasaría si mañana dejaras de hacer un 30 % de lo que haces hoy?

Responder a estas preguntas no es un ejercicio teórico.

Es el primer paso para dejar de ser imprescindible… y empezar a ser realmente directivo.

CAPÍTULO 6

Empresario, gerente y director: roles que no son lo mismo

Uno de los mayores problemas de la pyme no es la falta de esfuerzo.

Es la confusión de roles.

Muchos empresarios hacen de todo sin distinguir en qué "sombrero" están en cada momento.

Un día venden.

Otro gestionan personas.

Otro resuelven incidencias.

Otro toman decisiones estratégicas… o eso creen.

Pero no es lo mismo emprender, gestionar y dirigir.

Y cuando esos roles se mezclan sin criterio, la empresa se vuelve inestable.

El empresario es quien asume el riesgo.

El que pone el capital, la idea y la responsabilidad final.

El gerente es quien organiza el día a día.

Planifica, coordina, controla.

El director es quien piensa el negocio como un todo.

Define prioridades, marca rumbo y toma decisiones que no siempre tienen impacto inmediato, pero sí consecuencias profundas.

En muchas pymes, una sola persona intenta hacerlo todo… al mismo tiempo.

Y ahí empiezan los problemas.

Henry Mintzberg explicó hace años que la dirección no consiste en una única función, sino en equilibrar roles distintos: decisor, coordinador, líder, enlace, supervisor.

Cuando una persona se queda atrapada solo en los roles operativos, los roles directivos desaparecen y la empresa acaba funcionando por inercia. En la práctica, lo que ocurre en muchas pymes es esto: el empresario cree que dirige cuando, en realidad, gestiona urgencias, resuelve problemas inmediatos, toma decisiones rápidas y apaga fuegos.

Pero no dedica tiempo a:

- pensar el modelo de negocio
- revisar si la estructura tiene sentido
- analizar si el esfuerzo compensa el resultado.

Eso no es falta de capacidad.

Es falta de espacio mental.

Peter Drucker lo resumía con una frase incómoda pero muy real:

"No hay nada tan inútil como hacer con gran eficiencia algo que no debería hacerse en absoluto."

Muchos empresarios son extremadamente eficientes… en tareas que no les corresponden.

Dirigir implica tomar decisiones que no se ven.

Que no se aplauden.

Que no se resuelven en el momento.

Decisiones como:

*   decir no a ciertos clientes
*   redefinir precios
*   cambiar responsabilidades
*   invertir tiempo en ordenar procesos
*   revisar la estructura fiscal y societaria.

Son decisiones que no llenan la agenda, pero vacían problemas futuros.

Cuando el empresario no ejerce el rol de director, alguien lo hace por él: el día a día, las urgencias y la presión externa. Y entonces la empresa no se dirige; se deja llevar.

Una pyme bien gestionada no necesita que el empresario esté en todo, sino que esté donde aporta más valor.

Eso suele ser:

*   tomando decisiones relevantes
*   interpretando los números
*   definiendo prioridades
*   asegurando coherencia entre áreas.

No resolviendo cada incidencia operativa. El salto más difícil para un empresario no es aprender más, sino cambiar de rol y aceptar que su trabajo ya no es "hacer", sino pensar mejor que los demás: con más perspectiva, más datos y menos impulso.

Ese cambio no ocurre solo. Requiere método, estructura y, muchas veces, una mirada externa que ayude a ordenar.

Hay una señal clara de que un empresario sigue atrapado en el rol equivocado: cuando no puede explicar con claridad qué decisiones estratégicas ha tomado en los últimos seis meses. Si todo se ha resuelto "sobre la marcha", no hay dirección; hay reacción.

Separar los roles no te aleja de la empresa, te coloca en el sitio correcto: el lugar desde el que una pyme deja de depender del cansancio de su dueño y empieza a sostenerse sobre decisiones bien pensadas. Porque una empresa no mejora cuando su empresario trabaja más; mejora cuando dirige mejor.

Para reflexionar con honestidad

- ¿En qué rol pasas la mayor parte de tu tiempo?
- ¿Cuándo fue la última vez que pensaste la empresa sin urgencias delante?
- ¿Quién está dirigiendo realmente tu negocio: tú… o el día a día?

Responder a esto no cambia nada de golpe.

Pero cambia el punto desde el que empiezas a decidir.

CAPÍTULO 7

El coste oculto de no delegar

Muchos empresarios dicen que no delegan porque no pueden.

Porque nadie lo hará igual.

Porque no hay tiempo para explicar.

Porque al final siempre es más rápido hacerlo uno mismo.

Todo eso suena razonable.

Y, sin embargo, es profundamente caro.

No caro en términos emocionales —que también—, sino **caro en términos empresariales**.

No delegar tiene un coste.

Aunque no aparezca en la cuenta de resultados.

Es un coste silencioso, acumulativo, difícil de ver…

pero devastador a medio plazo.

Peter Drucker insistía en que el directivo eficaz no se mide por lo que hace, sino por **los resultados que consigue a través de otros**.

Cuando el empresario no delega, ocurre justo lo contrario: todo resultado depende directamente de él, y eso limita la empresa de forma automática. El primer coste oculto de no delegar es el tiempo mal invertido: cada hora que el empresario dedica a tareas que podría hacer otra persona es una hora que no dedica a…

- revisar números
- mejorar procesos
- pensar estrategia
- anticiparse a problemas.

No es que falte tiempo.

Es que se usa mal el tiempo más caro de la empresa.

El segundo coste es el **estancamiento del equipo**.

Cuando no se delega:

- la gente no decide
- no asume responsabilidades reales
- no desarrolla criterio.

Se ejecuta, pero no se crece.

Y entonces ocurre algo paradójico: el empresario se queja de que su equipo no responde… pero nunca le ha dado espacio para hacerlo.

Stephen R. Covey hablaba de delegar no tareas, sino **responsabilidades con criterio**.

Delegar no es decir "haz esto", sino decir "este es el resultado esperado, decide cómo llegar". Eso requiere confianza y sistema. Sin uno de los dos, la delegación fracasa.

El tercer coste es el **cuello de botella permanente**.

Cuando todo pasa por el empresario:

- las decisiones se retrasan
- los problemas se acumulan
- la empresa pierde agilidad.

No porque falte talento, sino porque falta autonomía.

Y una empresa lenta en decidir es una empresa que pierde oportunidades.

No delegar también tiene un impacto directo en la **rentabilidad**.

El empresario acaba:

- trabajando más horas de las que debería
- cobrando menos de lo que correspondería a su responsabilidad
- asumiendo tareas que no generan valor.

En la práctica, se paga un sueldo de directivo… para hacer trabajo operativo.

Eso no es eficiencia. Es un desequilibrio.

Delegar no es un acto puntual. Es un proceso.

Requiere:

- definir bien qué se delega a quién
- con qué margen de decisión
- con qué sistema de seguimiento

Y aquí es donde muchas pymes fallan.

No es que no quieran delegar, sino que nadie les ha enseñado a hacerlo bien. Hay empresarios que delegan tareas, pero no autoridad; otros delegan sin criterios claros; y otros delegan para luego corregirlo todo. El mensaje que recibe el equipo es siempre el mismo: "mejor no decidir". Y así, la dependencia se perpetúa.

Delegar bien no significa perder control, sino cambiar el tipo de control: pasar del control constante al control por objetivos, indicadores y resultados. Eso no debilita la empresa; la fortalece.

Una pregunta resume este capítulo con crudeza:

¿Qué tareas sigues haciendo hoy que no deberías estar haciendo dentro de seis meses?

Si no tienes clara la respuesta, no es un problema de personas. Es un problema de estructura.

Las empresas que funcionan mejor no son las que menos delegan. Son las que **delegan mejor**.

- Con criterio.
- Con método.
- Y con una dirección clara.

Porque una empresa que depende menos de su empresario no vale menos.

Vale más.

Y, sobre todo, permite vivir mejor a quien la ha construido.

Para reflexionar con visión empresarial

- ¿Qué decisiones pasan siempre por ti sin necesidad real?
- ¿Qué personas podrían asumir más si les dieras espacio?
- ¿Qué te impide delegar: falta de sistema… o miedo a soltar?

Responder a esto no te hace menos empresario.

Te acerca a ser mejor director.

CAPÍTULO 8

"Nadie lo hace como yo": la excusa más cara

"Nadie lo hace como yo".

Es una frase habitual en la pyme.

Se dice casi siempre sin mala intención.

A veces con resignación.

Otras con cierto orgullo.

Y, en muchos casos, es verdad.

El problema no es si es cierta o no.

El problema es **lo que provoca cuando se convierte en criterio de gestión**.

Muchos empresarios han construido su negocio gracias a su implicación personal.

Conocen al cliente.

Domina el producto.

Saben resolver problemas con rapidez.

Es lógico que piensen que nadie lo hará igual.

Pero una empresa no puede organizarse alrededor de una comparación permanente con su fundador. Porque eso no es un estándar profesional.

Es una barrera.

Peter Drucker insistía en que las organizaciones no deben diseñarse para personas excepcionales, sino para que **personas normales puedan obtener resultados extraordinarios.**

Cuando una empresa funciona solo si está su dueño, no está bien diseñada.

Está sostenida por sobreesfuerzo.

"Nadie lo hace como yo" suele esconder tres realidades distintas.

La primera es **falta de método.**

Si no hay procesos claros, cada persona actúa como puede.

Y entonces, efectivamente, nadie lo hace igual.

La segunda es **falta de criterios definidos.**

Si el empresario no ha explicado qué es "hacerlo bien",

es imposible que otros lo reproduzcan.

La tercera es más delicada:

el empresario no ha aceptado que **hacerlo distinto no siempre es hacerlo peor.**

Muchas pymes confunden calidad con estilo personal.

Confunden resultado con forma.

Confunden control con presencia constante.

Y eso impide que la empresa evolucione.

Hay una pregunta clave que conviene hacerse:

¿Quieres que las cosas se hagan exactamente como tú las harías o quieres que se hagan bien?

No es lo mismo.

Lo primero te mantiene imprescindible.

Lo segundo permite que la empresa crezca.

Las empresas que funcionan bien no buscan clones del fundador. Buscan personas capaces de cumplir objetivos claros, con autonomía y responsabilidad.

Para eso hacen falta:

- procesos sencillos
- expectativas bien definidas
- indicadores claros
- margen para equivocarse

Nada de eso aparece de forma espontánea.

Se construye.

Henry Mintzberg señalaba que uno de los errores más comunes de los directivos es creer que dirigir consiste en supervisar constantemente.

La supervisión excesiva no mejora los resultados. Los empobrece.

Porque transmite un mensaje claro: "no confío en ti".

Y donde no hay confianza, no hay implicación.

Cuando el empresario repite "nadie lo hace como yo", suele ocurrir algo más: la empresa deja de atraer talento.

Las personas válidas no quieren trabajar en entornos donde no pueden decidir.

Donde todo se corrige.

Donde todo pasa por una sola persona.

Y así, el círculo se cierra.

El empresario no delega porque no confía.

No confía porque el equipo no responde.

El equipo no responde porque no tiene espacio.

Aceptar que otros hagan las cosas de forma diferente no es renunciar a la calidad.

Es **apostar por la sostenibilidad**.

Es entender que una empresa no puede crecer apoyándose en una sola forma de hacer las cosas.

Ni en una sola persona.

El verdadero salto profesional del empresario ocurre cuando deja de preguntarse si otros lo hacen como él y empieza a preguntarse si **el sistema permite hacerlo bien**.

Ahí cambia todo.

Porque cuando hay sistema:

- la empresa no depende de estados de ánimo
- los errores se corrigen, no se repiten
- las decisiones no colapsan en una sola mesa

Y el empresario recupera algo esencial: **perspectiva**.

Una última pregunta para cerrar este bloque:

Si mañana tuvieras que desaparecer de la empresa durante tres meses, ¿qué fallaría: las personas… o el sistema?

Si la respuesta apunta al sistema, no es un problema de gente. Es una oportunidad de mejora.

Y es ahí donde empieza la verdadera profesionalización.

Hasta aquí hemos hablado de números, márgenes, precios y estructura. De entender por qué, aun facturando, el esfuerzo no se traduce en beneficio.

Pero hay una realidad incómoda que muchos empresarios descubren demasiado tarde: **estos problemas no se corrigen solo mirando mejor los números.**

Puedes entender perfectamente tu margen, tu caja y tus costes… y aun así seguir atrapado en el día a día.

Porque cuando la forma de vender es improvisada, reactiva o poco estructurada, los números solo muestran el resultado del desorden, no lo corrigen.

Para que la gestión empiece a dar resultados reales, hace falta algo más que control financiero: **hace falta un sistema comercial claro, previsible y gobernable.**

Y ahí es donde muchas pymes empiezan a desbloquear de verdad su empresa.

Con este capítulo cerramos el **Bloque II: El empresario apagafuegos.**

A partir de aquí, el libro cambia de tono: dejamos de hablar solo de comportamientos y empezamos a hablar de **criterios concretos**, empezando por los números.

"El problema ya no es solo personal. Es estructural. Y se refleja en cómo se gestiona la empresa."

BLOQUE - III

EL SISTEMA
(GESTIÓN REAL)

¿Qué debería estar mirando y ordenando de verdad?

Hasta aquí hemos hablado del cansancio. Del esfuerzo constante. De la sensación de estar siempre ocupado y no avanzar lo suficiente.

También hemos puesto nombre a errores habituales. Errores comprensibles. Errores que no tienen que ver con falta de capacidad, sino con falta de estructura.

A partir de ahora, cambia el enfoque.

Porque entender el problema es necesario, pero no suficiente. Para dejar de trabajar tanto y empezar a ganar mejor, hace falta **gestión de verdad**.

Gestión no como concepto teórico. Gestión aplicada a la realidad de una pyme. A decisiones que se toman cada mes, cada semana, cada día.

En esta parte del libro vamos a hablar de **criterio**.

De qué números importan y cuáles no. De por qué el dinero se escapa sin que te des cuenta. De cómo los precios, la organización y las responsabilidades influyen mucho más de lo que parece en tu rentabilidad.

No desde la teoría. Desde la práctica.

Desde lo que ocurre cuando se analizan empresas reales, con nombres y apellidos, con problemas cotidianos y con decisiones mal tomadas que se repiten una y otra vez.

Aquí no encontrarás fórmulas mágicas ni recetas universales. Encontrarás preguntas incómodas. Y explicaciones claras.

Porque gestionar bien una empresa no va de hacerlo todo perfecto. Va de **saber dónde mirar** y **qué decidir**.

Si hasta ahora te has reconocido en muchas de las situaciones descritas, es normal. Le pasa a la mayoría de empresarios.

La diferencia entre los que siguen atrapados y los que avanzan empieza justo aquí: cuando dejan de improvisar y empiezan a **dirigir con sistema**.

Lo que viene a continuación es el núcleo del libro. La parte que separa el cansancio del control.

A partir de ahora, hablamos de gestión de verdad.

CAPÍTULO 9

Los números que deberías mirar cada mes

La mayoría de empresarios tiene una relación contradictoria con los números. Saben que son importantes. Saben que deberían mirarlos más. Pero, en el fondo, los evitan.

No porque no les importe la empresa. Sino porque **nadie les ha enseñado qué números mirar y para qué**.

En muchas pymes ocurre algo curioso: se generan informes, balances, listados… pero no se toman mejores decisiones.

Hay datos, pero no hay criterio.

Y sin criterio, los números no ayudan. Solo abruman.

Uno de los errores más habituales es pensar que "mirar los números" significa entender contabilidad.

No es así.

Un empresario no necesita ser contable. Necesita **saber interpretar la realidad de su empresa**.

Y para eso, hacen falta muy pocos indicadores. Pero los correctos.

W. Edwards Deming lo expresó de forma muy directa:

"No se puede gestionar lo que no se mide."

En la pyme, el problema no es que no se mida. Es que **se mide mal**.

Muchos empresarios solo miran los números cuando hay un problema.

Cuando la caja aprieta.

Cuando el gestor llama.

Cuando el banco pregunta.

Y entonces ya es tarde.

Los números no están para justificar el pasado. Están para **decidir el futuro**.

Hay tres preguntas que todo empresario debería poder responder con claridad cada mes:

- ¿Estoy ganando dinero de verdad?
- ¿Mi empresa genera caja o la consume?
- ¿Este esfuerzo compensa el resultado?

Si alguna de estas preguntas no tiene respuesta clara, la empresa se está gestionando a ciegas.

Uno de los grandes errores es confundir **información fiscal** con **información de gestión**.

La fiscal sirve para cumplir. La de gestión sirve para decidir.

Ambas son necesarias. Pero no cumplen la misma función.

Una empresa puede estar perfectamente al día con Hacienda y estar mal gestionada.

Y eso ocurre más a menudo de lo que parece.

Los empresarios que toman buenas decisiones no miran veinte indicadores. Miran pocos. Pero los revisan con constancia.

Saben:

- cuánto margen tienen
- qué costes pesan más
- qué parte del negocio es rentable
- qué decisiones están tensionando la caja.

Y, sobre todo, **no se engañan.**

Hay algo que conviene decir con claridad: los números no juzgan. Informan.

No dicen si eres buen o mal empresario. Dicen si el modelo funciona o no.

El problema aparece cuando se evitan, se retrasan o se maquillan.

Porque entonces la realidad no desaparece. Solo se acumula.

Un buen hábito empresarial no es "mirar los números". Es **mirarlos siempre de la misma forma.**

Cada mes. Con el mismo criterio. Con la misma estructura.

Eso permite detectar desviaciones pequeñas antes de que se conviertan en problemas grandes.

Las pymes que mejor funcionan no son las que más facturan. Son las que **entienden mejor lo que ocurre dentro.**

Y eso no requiere grandes herramientas. Requiere disciplina.

Y alguien que ayude a interpretar.

Hay una pregunta que debería acompañar siempre a cualquier número:

¿Qué decisión tomaría si este dato empeorara un 10 % el mes que viene?

Si no sabes responder, no estás usando el número para gestionar.

Solo lo estás observando.

Mirar los números no te convierte en frío. Te convierte en responsable.

Responsable de tu tiempo. De tu esfuerzo. De tu dinero.

Porque trabajar mucho sin entender los números es como conducir rápido sin mirar el cuadro de mandos.

Puede que avances. Pero no sabes cuánto te queda… ni cuándo te vas a quedar tirado.

Para revisar este mes (sin excusas)

- ¿Qué tres números miras todos los meses sin falta?
- ¿Quién te ayuda a interpretarlos, no solo a generarlos?
- ¿Qué decisiones estás posponiendo por no tener claridad?

Responder a esto no requiere más trabajo. Requiere **mejor gestión**.

CAPÍTULO 10

Margen, beneficio y caja: aprende a no confundirlos

Durante años he visto el mismo error repetirse una y otra vez. En pequeñas empresas. Y, curiosamente, también en grandes multinacionales.

La diferencia no está en que unos se equivoquen y otros no. La diferencia está en **quién detecta el error a tiempo.**

En multinacionales en las que he trabajado, una desviación pequeña en margen —un punto arriba o abajo— generaba reuniones, análisis y decisiones inmediatas. No porque alguien entrara en pánico. Sino porque sabían exactamente **qué significaba ese dato.**

En muchas pymes, en cambio, ese mismo dato ni siquiera se mira. O se mira tarde. O se confunde con otra cosa.

Y ahí empiezan los problemas.

En la asesoría lo he visto decenas de veces.

Empresarios que dicen: —Facturamos bien, pero no queda nada.

Y cuando empiezas a rascar, aparece siempre lo mismo:

- confunden margen con beneficio
- confunden beneficio con caja
- y toman decisiones importantes mezclándolo todo.

No es falta de inteligencia. Es falta de criterio financiero aplicado a la realidad de la pyme.

Vamos por partes, sin tecnicismos innecesarios.

El margen te dice cuánto ganas con lo que vendes, antes de estructura. **El beneficio** te dice si el negocio compensa todo el esfuerzo. **La caja** te dice si puedes pagar hoy.

Son tres cosas distintas. Y confundirlas es una receta segura para el desgaste.

En multinacional, esto no se discute. Está clarísimo.

Puedes tener beneficio y problemas de caja. Puedes tener margen y no cubrir estructura. Puedes crecer en ventas y empeorar resultados.

Por eso se analizan **por separado**.

En la pyme, en cambio, todo se mete en el mismo saco. Y eso distorsiona las decisiones.

He visto empresas con márgenes correctos asfixiadas por la caja. Y empresas con caja cómoda que, en realidad, no eran rentables.

Desde fuera parecían "empresas que funcionan". Desde dentro, eran negocios frágiles.

Un error muy habitual que veo en asesoría es este:

El empresario mira la cuenta bancaria. Si hay dinero, respira. Si no lo hay, se preocupa.

Pero la cuenta bancaria no explica nada por sí sola.

Puede haber dinero porque:

- has retrasado pagos
- has cobrado por adelantado
- has pedido financiación.

Eso no significa que el negocio funcione. Significa que **aguanta**.

En multinacionales, la caja se cuida. Pero **no se confunde con rentabilidad**.

En la pyme, muchas veces se vive al día. Y eso impide ver el fondo del problema.

Otro clásico: —Este cliente deja poco, pero da volumen.

Cuando analizas el margen real, descubres que:

- ocupa tiempo
- consume recursos
- genera estrés
- y aporta muy poco

Pero como entra dinero, se mantiene. Ese tipo de decisiones no se sostienen en empresas bien gestionadas; en pymes, sin embargo, son habituales. No por falta de profesionalidad, sino por no separar conceptos básicos.

Una de las grandes diferencias entre empresa grande y pyme no es el tamaño. Es el **criterio con el que se toman decisiones**.

En multinacional:

- el margen manda
- el beneficio valida
- la caja acompaña.

En la pyme, muchas veces:

- la caja manda
- el cansancio decide
- el margen se ignora.

Y eso pasa factura.

He visto empresarios trabajar el doble para mantener negocios que, bien analizados, no merecían ese esfuerzo. No porque el negocio fuera malo, sino porque estaba mal enfocado.

Con precios mal ajustados, con estructura sobredimensionada, con decisiones fiscales mal integradas en la gestión. Nada que no tuviera solución, pero todo invisible sin criterio.

Este capítulo no va de aprender finanzas.

Va de **mirar tu empresa como la miraría un comité de dirección serio.**

Con preguntas incómodas, pero necesarias:

- ¿Qué parte de mi negocio es realmente rentable?
- ¿Dónde estoy poniendo esfuerzo que no vuelve en resultado?
- ¿Mi problema es de ventas… o de estructura?

Cuando esas preguntas tienen respuesta, la empresa cambia.

El "wow" no está en los números. Está en lo que haces con ellos.

Porque cuando separas margen, beneficio y caja:
- dejas de engañarte
- dejas de improvisar
- y empiezas a decidir con cabeza

Y ahí ocurre algo curioso: el cansancio empieza a tener sentido. O deja de tenerlo.

Para revisar con mirada profesional

- ¿Sabes qué margen real tiene tu producto o servicio principal?
- ¿Tu beneficio justifica el riesgo que asumes?

- ¿Tu caja refleja salud… o solo resistencia?

Si no puedes responder con claridad, no estás solo. Lo veo cada semana.

La diferencia está en **si decides hacer algo con ello**.

CAPÍTULO 11

Dónde se te escapa el dinero sin darte cuenta

Rara vez el dinero se pierde de golpe en una pyme. No desaparece por un gran error. Se va **poco a poco**, casi sin hacer ruido.

Por eso duele tanto cuando, al final del año, el resultado no cuadra con el esfuerzo.

En la asesoría he visto esta escena muchas veces.

El empresario llega convencido de que el problema es "que no se vende lo suficiente". Revisamos números con calma. Desmenuzamos la actividad. Y entonces aparece la sorpresa.

No faltaban ingresos. Sobran **fugas**.

Las fugas no suelen estar donde el empresario cree.

No están en el gasto grande y evidente. Están en lo pequeño, lo repetido, lo mal decidido y lo que nunca se revisa.

Y eso las hace peligrosas.

Peter Drucker decía que *"lo que no se controla, se descontrola"*. En multinacional, esta frase se aplica con una disciplina casi obsesiva. En la pyme, muchas veces se confía en la intuición.

Y la intuición, con dinero, se equivoca más de lo que nos gusta admitir.

Hay cinco lugares clásicos donde el dinero se escapa sin que el empresario lo note.

1. Precios mal calculados

No bajos "porque sí".

Bajos porque nunca se han recalculado con costes reales, tiempo real y esfuerzo real.

En multinacional, los precios se revisan constantemente. En la pyme, se heredan.

Y lo que funcionaba hace tres años puede estar matando el margen hoy.

2. Costes fijos que crecieron sin control

Un software más. Un perfil más. Un servicio externo más.

Cada decisión, aislada, parecía razonable. Juntas, crean una estructura que el negocio ya no soporta bien.

En la asesoría es habitual ver empresas que crecieron…pero nunca ajustaron su estructura al nuevo tamaño.

3. Clientes que no compensan

Este es uno de los puntos más incómodos.

Clientes que:

- exigen mucho
- pagan poco
- generan incidencias
- consumen tiempo del empresario.

Pero se mantienen "por volumen" o "por relación".

En multinacional, estos clientes se analizan y se descartan.

En la pyme, se aguantan…y desgastan.

4. Decisiones fiscales desconectadas de la gestión

Aquí entra de lleno mi experiencia.

He visto empresarios pagar más impuestos de los necesarios… y otros pagar menos de forma poco sostenible.

Ambos casos son problemáticos.

La fiscalidad no puede ir por un lado y la gestión por otro.

Cuando eso ocurre, el dinero se escapa:

- en impuestos mal planificados
- en decisiones de estructura incorrectas
- en sustos futuros que nadie anticipó.

5. El coste invisible del tiempo del empresario

Este es el más ignorado de todos.

- Horas interminables.
- Fines de semana.
- Disponibilidad total.

Ese coste no aparece en ningún balance.Pero existe.

Y cuando lo pones encima de la mesa, muchas empresas dejan de parecer tan rentables como se pensaba.

En multinacional, el tiempo directivo se mide y se protege.En la pyme, se da por hecho. Y eso distorsiona completamente la percepción de rentabilidad.

Lo más llamativo es que, cuando estas fugas se identifican, la mayoría de empresas **no necesita vender más**.

Necesita:

- decidir mejor
- ajustar con criterio

- dejar de tolerar lo que no funciona.

Y eso cambia el resultado sin aumentar el esfuerzo.

Aquí suele producirse uno de esos momentos "wow" para el empresario.

Se da cuenta de que:

- no estaba tan lejos
- no necesitaba heroísmos
- solo necesitaba claridad.

Y alguien que supiera dónde mirar.

Porque el dinero no se escapa por mala suerte. Se escapa por **falta de revisión**.

Y revisar bien no es desconfiar. Es dirigir.

Para revisar con lupa (y sin miedo)

- ¿Cuándo fue la última vez que revisaste precios con costes reales?
- ¿Qué clientes te quitan más energía de la que te aportan?
- ¿Qué gastos asumiste "por inercia" y nunca volviste a cuestionar?

Responder a esto no es un ejercicio contable. Es un acto de responsabilidad empresarial.

Cuando el dinero deja de escaparse, el negocio respira. El empresario descansa. Y la empresa empieza a parecerse más a lo que debería haber sido desde el principio.

CAPÍTULO 12

Precios, costes y el miedo a cobrar lo que vale tu trabajo

Si tuviera que elegir un solo tema que esté detrás de gran parte de los problemas de rentabilidad en pymes, no dudaría: **el precio**.

No por falta de ventas. No por falta de clientes. Sino por **miedo**.

Miedo a subir precios. Miedo a perder clientes. Miedo a que el mercado no lo acepte. Miedo, en el fondo, a descubrir que quizá el modelo no estaba tan bien planteado como se pensaba.

Llevo años trabajando con empresas desde dos lados muy distintos: la **gestión** y las **ventas**.

Desde la asesoría he visto números reales, márgenes reales y resultados reales. Desde la experiencia en multinacionales he visto cómo se toman decisiones de precio con método, datos y estrategia. Y desde mi trabajo específico en ventas, donde he desarrollado un método propio de gestión comercial, he confirmado siempre la misma idea: el precio no es un número, es una decisión estratégica.

En muchas pymes, el precio se fija así:

- mirando a la competencia
- repitiendo lo que siempre se ha cobrado
- ajustando "un poco" si el cliente aprieta.

Rara vez se fija en función de:

- costes reales
- tiempo invertido
- valor aportado
- posicionamiento deseado

Y eso tiene consecuencias.

Uno de los errores más graves que veo es este: empresas que venden bien… pero **no ganan bien.**

Venden porque el precio es atractivo. Cierran operaciones. Tienen actividad.

Pero cuando se analiza con calma:

- el margen es mínimo
- el esfuerzo es enorme
- la presión constante.

Eso no es un problema comercial.

Es un problema de **modelo.**

En multinacional, el precio nunca se decide solo desde ventas. Se decide cruzando:

- costes
- estrategia
- posicionamiento
- objetivos financieros.

Y luego se defiende.

En la pyme, muchas veces se hace al revés: se vende primero y se espera que los números cuadren después.

Rara vez ocurre.

El miedo a cobrar lo que vale tu trabajo suele disfrazarse de argumentos "lógicos":

- "el mercado está muy competitivo"

- "mis clientes no pagarían más"

- "si subo precios, me quedo sin ventas"

Algunos de esos argumentos pueden ser ciertos. Pero la mayoría **nunca se ha validado**.

Se asumen como verdades absolutas. Y se decide en base a ellas.

Desde la experiencia en ventas, hay algo muy claro: **el problema rara vez es el precio en sí.**

El problema es:

- cómo se presenta

- qué se compara

- qué valor se comunica

- qué tipo de cliente se busca.

Cuando el precio es bajo para compensar falta de argumento, la empresa entra en una espiral peligrosa: más volumen → más trabajo → menos margen → más cansancio.

He trabajado con empresas que tenían miedo a subir un 5 %. Y cuando se hizo con método:

- no perdieron clientes

- mejoraron margen

- y, curiosamente, mejoró la percepción de valor.

Porque el precio también comunica.

Comunica seguridad.

Comunica posicionamiento.

Comunica profesionalidad.

Uno de los aprendizajes clave de la experiencia en gestión comercial es este: vender no es convencer, sino estructurar bien la decisión del cliente.

Y el precio forma parte de esa estructura.

Si el precio es incoherente con:

- el servicio
- el nivel de exigencia
- la implicación del empresario.

el negocio se resiente.

Muchas pymes no tienen un problema de ventas, sino un problema de criterio comercial alineado con la gestión. Venden como pequeñas, pero quieren vivir como empresas consolidadas. Y esa ecuación no funciona.

Cobrar bien no es abusar. Es **equilibrar**.

Equilibrar:

- valor aportado
- esfuerzo invertido
- riesgo asumido
- resultado esperado

Cuando ese equilibrio no existe, el empresario lo paga con su tiempo y su energía.

Una de las preguntas más incómodas —y más útiles— que hago a menudo es esta:

> *Si mañana tuvieras que contratar a alguien para hacer exactamente lo que haces tú, ¿tu precio actual lo permitiría?*

Si la respuesta es no, tu modelo no es sostenible.

Subir precios no es siempre la solución, pero revisarlos con criterio siempre lo es. A veces la conclusión no pasa por cobrar más, sino por cambiar clientes, cambiar servicios, cambiar la forma de vender o cambiar la estructura. Eso no se improvisa; se trabaja.

Este capítulo suele ser un punto de inflexión, porque el empresario empieza a entender que no trabaja demasiado porque sí, que no está cansado por mala suerte ni gana poco por el mercado, sino porque el precio de su esfuerzo no está bien defendido.

Para revisar con honestidad profesional

- ¿Tus precios reflejan realmente el valor que aportas?

- ¿Sabes explicar por qué cobras lo que cobras?

- ¿Qué pasaría si subieras precios con método, no con miedo?

Responder a esto no te hace perder clientes; te hace ganar claridad. Y la claridad, bien trabajada, siempre vende mejor.

Hasta aquí hemos hablado de números, márgenes, precios y estructura, de entender por qué, aun facturando, el esfuerzo no se traduce en beneficio. Pero hay una realidad incómoda que muchos empresarios descubren demasiado tarde: estos problemas no se corrigen solo mirando mejor los números. Puedes entender perfectamente tu margen, tu caja y tus costes y, aun así, seguir atrapado en el día a día.

Porque cuando la forma de vender es improvisada, reactiva o poco estructurada, los números solo muestran el resultado del desorden, no lo corrigen. Para que la gestión empiece a dar resultados reales, hace falta algo más que control financiero: hace falta un sistema comercial claro, previsible y gobernable. Y ahí es donde muchas pymes empiezan a desbloquear de verdad su empresa.

CAPÍTULO 13

El caos disfrazado de flexibilidad

"Somos flexibles".

Es una frase muy habitual en las pymes. Se dice con orgullo. Como una ventaja frente a las empresas grandes. Como una seña de identidad.

Y, en parte, lo es.

El problema aparece cuando esa supuesta flexibilidad **no es una decisión**, sino una consecuencia del desorden.

La flexibilidad bien entendida es una fortaleza. La improvisación constante, no.

Y muchas pymes confunden ambas cosas.

En multinacionales, la flexibilidad es el resultado de sistemas sólidos. Hay procesos claros, pero también márgenes de adaptación. Se sabe qué se puede cambiar… y qué no.

En muchas pymes, en cambio, todo es flexible porque nada está definido: horarios, responsabilidades, prioridades, procesos y decisiones. Todo se adapta, todo se negocia y todo se resuelve "según el día". Eso no es flexibilidad; es caos.

Desde la asesoría lo veo continuamente: empresas que funcionan a base de llamadas, decisiones que se toman en pasillos, cambios de criterio según el cliente y órdenes que hoy valen y mañana no. Y cuando preguntas por procesos, la respuesta suele ser la misma: "Aquí somos muy dinámicos". Dinámicos… o agotados.

Henry Mintzberg explicaba que las organizaciones excesivamente informales acaban dependiendo demasiado de las personas clave, porque no hay estructura que sostenga la actividad.

Eso puede funcionar durante un tiempo. Pero no es escalable. Ni sostenible.

El caos disfrazado de flexibilidad tiene varios efectos muy claros.

El primero es la **confusión interna**.

Las personas no saben exactamente:

- qué se espera de ellas
- hasta dónde pueden decidir
- qué es prioritario y qué no.

Y cuando no hay claridad, aparece el error, la inseguridad y la dependencia.

El segundo efecto es el **desgaste del empresario**.

Cuando no hay estructura:

- todo se pregunta
- todo se consulta
- todo se decide "en el momento".

El empresario se convierte en traductor permanente de una empresa mal definida.

No dirige. Interpreta.

El tercer efecto es más profundo: **la empresa no aprende.**

Si cada situación se resuelve de forma distinta, no hay mejora. No hay repetición.No hay eficiencia.

Solo hay reacción.

Muchas pymes justifican este caos diciendo: —Nuestro negocio es especial.

Y es verdad: cada negocio tiene particularidades. Pero ninguna particularidad justifica no definir responsabilidades, no documentar lo básico ni establecer criterios claros. La falta de estructura no hace a una empresa más humana; la hace más frágil.

Una empresa bien organizada no es rígida. Es **previsible.**

Y la previsibilidad es un regalo:

- para el equipo
- para los clientes
- y para el propio empresario.

Porque reduce errores, reduce tensiones y reduce decisiones innecesarias. He visto empresas pequeñas, muy pequeñas, con procesos simples y claros, funcionar con una serenidad envidiable; y he visto empresas más grandes, sin ningún tipo de orden, vivir permanentemente al borde del colapso.

La diferencia no era el tamaño. Era el criterio.

Ordenar no es burocratizar. Ordenar es **pensar antes para no sufrir después.**

Definir:

- quién decide qué
- cómo se hacen las cosas habituales

- qué no se negocia
- qué sí se adapta.

Eso libera.

Cuando una pyme empieza a poner orden, ocurre algo curioso: al principio incomoda. Parece lento, parece innecesario… Pero muy pronto:

- baja el ruido
- se reducen los errores
- el empresario respira

Y la empresa deja de depender del estado de ánimo del día.

Hay una pregunta clave para cerrar este capítulo:

¿Tu empresa es flexible porque está bien pensada…
o porque nadie ha puesto orden todavía?

Responder con honestidad es el primer paso para dejar de apagar fuegos y empezar a construir una empresa que funcione incluso en días difíciles.

CAPÍTULO 14

Quién hace qué (y quién no debería hacerlo)

En muchas pymes no hay un problema de personas. Hay un problema de **límites**.

Límites difusos, responsabilidades poco claras y funciones que se solapan hacen que, cuando nadie sabe exactamente dónde empieza y termina su papel, todo acabe pasando por el empresario.

En asesoría, esta escena se repite constantemente.

Preguntas simples como:

—¿Quién es responsable de esto?

—¿Quién toma esta decisión?

Y la respuesta suele ser:

—Bueno… un poco entre todos.

—Depende del caso.

—Normalmente lo veo yo.

Ese "yo" suele ser el empresario.

Peter Drucker insistía en que una organización eficaz necesita que **cada persona sepa por qué se le paga.**

No por estar.

No por ayudar.

No por apagar fuegos.

Por su **responsabilidad concreta**.

Cuando eso no está definido, la empresa se vuelve confusa, lenta y dependiente.

Uno de los grandes mitos de la pyme es pensar que definir responsabilidades limita la flexibilidad, genera rigidez o "no va con nuestra forma de trabajar". La realidad es justo la contraria.

Cuando nadie sabe exactamente qué le corresponde:

- se duplican tareas
- se pierden cosas
- se generan conflictos
- se consulta todo.

Y la empresa se vuelve más rígida, no menos.

Definir quién hace qué no es repartir trabajo. Es repartir **decisión**.

Decidir:

- quién decide
- quién ejecuta
- quién informa
- quién supervisa.

Cuando esto no está claro, todo se ralentiza.

En multinacionales, este punto es innegociable, no porque sean más serias, sino porque no podrían funcionar sin ello. En la pyme, en cambio, muchas veces se deja "para más adelante", y ese "más adelante" nunca llega. Mientras tanto, el empresario se convierte en árbitro permanente.

He visto empresas donde dos personas creían ser responsables de lo mismo y otras donde nadie lo era. En ambos casos, el resultado es el mismo: problemas, reproches y más carga para el dueño.

Definir responsabilidades no significa encorsetar. Significa **proteger**.

Proteger:

- al equipo, dándole claridad
- al empresario, quitándole peso
- a la empresa, dándole coherencia.

Un error habitual es pensar que esto se soluciona con organigramas bonitos. No es así.

Un organigrama sin criterio es solo un dibujo.

Lo importante es que cada persona pueda responder con claridad a tres preguntas:

1. ¿De qué soy responsable?
2. ¿Qué decisiones puedo tomar sin consultar?
3. ¿Qué resultados se esperan de mí?

Si no puede hacerlo, el sistema falla.

Cuando las responsabilidades están claras, pasan cosas muy interesantes:

- baja el número de consultas innecesarias
- mejora la velocidad de decisión
- se reducen conflictos internos
- el empresario recupera tiempo mental.

Y lo más importante: la empresa deja de depender de interpretaciones personales.

Muchas pymes funcionan "por buena voluntad". La gente ayuda, se implica y hace más de lo que le toca. Eso está bien… hasta que deja de estarlo. Porque la buena voluntad no sustituye a la estructura.

Definir quién hace qué también implica definir quién no hace qué: qué decisiones no deben pasar por el empresario, qué tareas no debería seguir asumiendo y qué problemas deben resolverse sin escalar.

Eso no es perder control. Es **ganar empresa**.

Una pregunta muy sencilla para cerrar este capítulo:

Si mañana no estuvieras disponible, ¿estaría claro quién decide cada cosa importante?

Si la respuesta es no, no es un fallo del equipo. Es una oportunidad de mejora en la gestión.

Ordenar responsabilidades no es un ejercicio teórico; es uno de los pasos más rentables que puede dar una pyme. Porque cuando cada persona sabe qué le toca, el empresario deja de ser imprescindible en lo operativo y empieza, por fin, a dirigir. Cuando esto no está claro, ninguna fiscalidad ni ninguna venta puede arreglarlo.

Hasta aquí hemos hablado de números, estructura y roles, de entender dónde se va el tiempo, dónde se va el dinero y por qué tantas decisiones acaban pasando siempre por el empresario. Pero hay una pieza que suele sabotearlo todo sin hacer ruido. Puedes tener claros los costes, entender el margen, definir procesos y repartir responsabilidades y, aun así, seguir atrapado.

Porque cuando la forma de vender es reactiva, improvisada o poco estructurada, todo el sistema acaba girando alrededor de la urgencia. A partir de aquí, el foco cambia: dejamos de mirar el resultado para entrar en el sistema que lo provoca, la forma en la que se toman las decisiones comerciales.

BLOQUE - IV

EL SISTEMA COMERCIAL

*¿Cómo dejar de improvisar las ventas y empezar
a vender con método?*

CAPÍTULO 15

Vender más no es ganar más (el verdadero problema comercial)

Durante años se ha repetido una idea que parece incuestionable: si un negocio no va bien, hay que vender más.

Más clientes.

Más operaciones.

Más actividad.

Es un mensaje cómodo, sencillo y tranquilizador. Da la sensación de que el problema tiene una solución directa y casi mecánica: apretar un poco más, mover más volumen y generar más oportunidades. El problema es que muchos empresarios ya lo están haciendo. Trabajan más horas que nunca, tienen la agenda llena, el teléfono no para y la actividad es constante, y aun así el negocio no termina de despegar como debería.

El cansancio se acumula, la presión aumenta y el beneficio no crece al mismo ritmo que el esfuerzo. Ahí aparece la primera grieta en el discurso de "vender más", porque vender más no es lo mismo que ganar más y, en muchos casos, ocurre justo lo contrario.

Cuando vender más empeora el problema

En un negocio sin un sistema comercial claro, cada nueva venta añade complejidad: más clientes significan más gestiones, más compromisos y más decisiones urgentes. Si la estructura no está preparada, el crecimiento no libera; aprisiona.

Al principio no se nota. Más ventas tranquilizan: hay movimiento, hay ingresos y parece que todo va en la dirección correcta.

Pero poco a poco empiezan a aparecer las señales:

- Los márgenes se estrechan.

- El tiempo disponible desaparece.

- El empresario vuelve a estar en el centro de todo.

El negocio se vuelve dependiente de cerrar constantemente, no porque quiera crecer, sino porque necesita compensar: precios ajustados, decisiones tomadas con prisa y ventas que nunca deberían haberse cerrado en esas condiciones. Ahí es donde vender más deja de ser una solución y se convierte en una trampa.

El error no es vender, es vender sin criterio

El problema no es la venta en sí. Vender es imprescindible. Sin ventas no hay empresa.

El problema aparece cuando las decisiones comerciales se toman sin un marco claro. Cuando todo vale. Cuando cualquier oportunidad parece buena "por si acaso".

En ese contexto:

- Se aceptan clientes que no encajan.

- Se ajustan precios sin saber exactamente por qué.

- Se prometen plazos y condiciones difíciles de sostener.

Cada decisión aislada parece pequeña, pero acumuladas generan un sistema frágil. Un negocio así no vende mal porque no sepa vender, sino porque no decide: no decide a quién quiere como cliente, qué operaciones merecen tiempo y recursos ni qué condiciones son aceptables y cuáles no. Cuando no se decide, se reacciona, y reaccionar casi siempre implica perder margen.

Actividad no es control

Uno de los mayores autoengaños en ventas es confundir actividad con control. Correos enviados, llamadas hechas, reuniones celebradas y propuestas entregadas dan sensación de avance, pero no garantizan nada. Un negocio puede estar lleno de actividad y completamente desordenado, haciendo muchas cosas sin saber realmente cuáles importan.

Cuando el empresario no tiene una visión clara de lo que está ocurriendo en su proceso comercial, vive en una tensión constante:

- No sabe si va a cerrar lo suficiente.
- No sabe si lo que hay en marcha es real.
- No sabe cuánto puede permitirse decir que no.

Y cuando no se sabe, se tiende a aceptar.

Aceptar clientes.

Aceptar condiciones.

Aceptar precios que aprietan.

Vender más en ese contexto no soluciona el problema. Solo lo amplifica.

El círculo vicioso de vender mal

Vender sin criterio genera un círculo difícil de romper. Primero se vende con poco margen para asegurar el cierre; después, el margen insuficiente obliga a vender más para compensar y, al vender más, el sistema se satura. La saturación genera urgencia, la urgencia reduce la capacidad de decidir y la falta de decisión lleva a vender aún peor.

Este círculo explica por qué muchos negocios:

- facturan cifras respetables
- tienen mucha actividad
- pero viven permanentemente al límite.

No es un problema de esfuerzo. Es un problema de **estructura comercial**.

El verdadero cambio de enfoque

El primer cambio importante no es técnico, es mental.

El objetivo deja de ser vender más. Pasa a ser **vender mejor**.

Vender mejor implica:

- decidir qué oportunidades merecen atención
- definir límites claros en precios y condiciones
- y aceptar que no todo cliente es buen cliente.

Este cambio suele generar vértigo al principio. Parece arriesgado decir que no.Parece peligroso filtrar.

Pero ocurre justo lo contrario.

Cuando el negocio empieza a elegir, recupera algo fundamental: **el control**.

Y con el control llega la calma. La posibilidad de prever. La capacidad de planificar sin vivir al día.

¿Por qué este problema está en el centro del desgaste del empresario/a?

Muchos empresarios creen que están agotados por exceso de trabajo; en realidad, lo están por exceso de decisiones mal encajadas. Cada venta mal planteada genera más trabajo del necesario, cada cliente mal elegido consume más energía de la prevista y cada precio mal defendido obliga a compensar con volumen. El cansancio no es casual: es la consecuencia lógica de un sistema comercial desordenado.

Por eso, cualquier intento de mejorar la empresa que ignore las ventas está condenado a quedarse corto. Puedes ordenar procesos y controlar números, pero si la forma de vender sigue siendo reactiva, el desgaste vuelve.

El punto de inflexión

Llegados a este punto, el empresario suele encontrarse ante una disyuntiva clara.

Seguir empujando.

Vender más.

Apretar un poco más.

O parar y hacerse una pregunta incómoda:

¿Estoy vendiendo lo que me conviene… o solo lo que consigo cerrar?

Responder a esa pregunta marca un antes y un después.Porque obliga a mirar las ventas no como una cuestión de carisma o esfuerzo, sino como un sistema que puede —y debe— ordenarse.

A partir de aquí, el foco cambia.

Ya no se trata de vender más. Y se trata de **recuperar el control sobre cómo se vende**.

Y ese es el primer paso real para dejar de trabajar siempre al límite.

CAPÍTULO 16

Control comercial: del caos a la visibilidad

Muchos empresarios están convencidos de que su problema es la falta de ventas. Piensan que, si entraran más oportunidades o si se cerraran más operaciones, el negocio respiraría.

Sin embargo, cuando se analizan de cerca esas empresas, aparece una realidad distinta: no falta actividad, **falta claridad**.

Hay conversaciones abiertas.

Hay contactos.

Hay propuestas enviadas.

Hay llamadas pendientes.

Lo que no hay es una visión nítida de qué está pasando realmente.

Y sin esa visión, el empresario no decide: reacciona.

El ruido como estado permanente

En muchos negocios, el sistema comercial funciona como un embudo sin filtro.

Todo entra.

Todo se atiende.

Todo parece urgente.

Correos que llegan a cualquier hora.

Clientes que piden ajustes de última hora.

Oportunidades que se alargan durante meses "por si acaso".

Este ruido constante genera una falsa sensación de control. Hay movimiento, hay interacción, hay trabajo.

Pero el ruido no es control.

Es distracción.

Cuando todo importa, nada destaca.

Y cuando nada destaca, el empresario pierde la capacidad de priorizar.

El resultado es una agenda llena… y una sensación permanente de ir tarde.

Qué significa realmente tener control comercial

Tener control comercial no significa saberlo todo. Ni estar encima de cada conversación. Ni revisar cada detalle.

Significa algo mucho más sencillo y mucho más potente: **saber qué está ocurriendo en los puntos clave del proceso de venta.**

Control es poder responder con claridad a preguntas básicas:

- ¿Cuántas oportunidades reales hay abiertas?

- ¿En qué punto están?

- ¿Cuáles tienen sentido y cuáles no?

- ¿Qué impacto tendrían si se cerraran?

Cuando un empresario no puede responder a estas preguntas sin dudar, no tiene control. Tiene intuición. Y la intuición, en contextos complejos, se agota rápido.

El control no elimina la incertidumbre, pero la reduce. Y esa reducción cambia por completo la forma de gestionar el negocio.

Visibilidad antes que resultados

Uno de los errores más comunes es intentar mejorar los resultados sin mejorar antes la visibilidad.

Se aprietan objetivos.

Se piden más cierres.

Se aumenta la presión.

Pero presionar sin ver con claridad solo acelera el desgaste.

La visibilidad es el paso previo a cualquier mejora real.

Ver qué oportunidades existen.

Ver cuáles avanzan.

Ver cuáles están bloqueadas.

Sin visibilidad, el empresario vive en modo reactivo.

Responde a lo que aparece en cada momento, sin perspectiva.

Con visibilidad, puede anticiparse.

Decidir con margen.

Y dejar de apagar fuegos continuamente.

El flujo de oportunidades y el autoengaño

Otro foco habitual de desorden es el flujo de oportunidades.

En muchos negocios, todo contacto se trata como una oportunidad real.

Una llamada.

Un correo.

Una conversación informal.

Todo entra en el mismo saco.

Ese enfoque tiene un problema grave: **infla la percepción de potencial**.

El empresario cree que "hay mucho en marcha". Pero cuando llega el momento de cerrar, descubre que gran parte de ese supuesto potencial no era real.

No había decisión.

No había presupuesto.

No había prioridad.

Solo había interés superficial.

El control empieza cuando el negocio decide qué merece ser considerado una oportunidad… y qué no.

Cerrar esa puerta no reduce ventas. Reduce ruido.

Y menos ruido significa mejores decisiones.

Seleccionar también es vender

Decir que no también es una acción comercial.

Cuando un negocio selecciona oportunidades, protege:

- su tiempo
- su energía
- y su margen.

Aceptar todo no es ser flexible. Es ser vulnerable.

La selección no busca vender menos. Busca **vender lo que conviene**.

Ese cambio de enfoque suele generar resistencia al principio.

Parece arriesgado descartar.

Parece peligroso filtrar.

Pero en la práctica ocurre lo contrario.

Cuando el negocio empieza a elegir, recupera algo fundamental: la capacidad de decidir desde la calma, no desde la urgencia.

Control y libertad no son opuestos

Existe la creencia de que más control implica menos libertad. En realidad, ocurre justo al revés.

Cuanto menos control hay, más depende el negocio del empresario.

Más decisiones pasan por él.

Más urgencias recaen sobre su agenda.

El control bien entendido libera.

Porque permite delegar con criterio.

Permite priorizar sin culpa.

Permite decir no sin miedo.

No se trata de rigidez.

Se trata de **claridad**.

Y la claridad es uno de los mayores aliados de la libertad empresarial.

El punto de inflexión

Cuando un empresario recupera visibilidad sobre su proceso comercial, algo cambia.

Deja de vivir pendiente del próximo cierre.

Empieza a ver patrones.

Empieza a entender qué funciona y qué no.

Ese entendimiento no llega de golpe.

Se construye.

Pero el primer paso es siempre el mismo: ordenar el flujo de oportunidades y hacer visible lo que antes estaba disperso.

A partir de ahí, las ventas dejan de ser una fuente constante de tensión.

Y el negocio empieza a operar con algo que muchos empresarios habían olvidado: **margen de maniobra**.

CAPÍTULO 17

Pipeline: la columna vertebral de las ventas

Una de las grandes fuentes de estrés en las empresas no es la falta de ventas, sino la sensación constante de incertidumbre: no saber qué va a pasar, si lo que hay en marcha se cerrará o no, o si se está haciendo lo suficiente… o demasiado. Ese estado de tensión permanente no suele deberse a la ausencia de oportunidades, sino a la ausencia de estructura. Y en el centro de esa estructura hay una pieza clave: el pipeline.

¿Qué es —y qué no es— un pipeline?

Un pipeline no es una lista de clientes.

No es un Excel lleno de nombres.

No es un CRM con muchas columnas.

Un pipeline es un **sistema de decisiones**.

Sirve para ordenar la realidad comercial del negocio y responder, con criterio, a una pregunta esencial: **¿qué oportunidades merecen ahora mismo tiempo, atención y recursos?**

Cuando el pipeline no existe —o existe solo de forma nominal— todo parece importante y, cuando todo parece importante, el negocio se paraliza o se dispersa. Un pipeline bien definido no acumula oportunidades por miedo; las filtra por criterio. Y esa diferencia lo cambia todo.

El problema de los pipelines inflados

Muchos negocios creen tener un pipeline sano porque está lleno: cuantas más oportunidades aparecen en la lista, mayor es la tranquilidad aparente. Pero esa tranquilidad es engañosa.

Un pipeline inflado suele estar compuesto por:

- contactos sin decisión real
- conversaciones que no avanzan
- oportunidades que nadie se atreve a cerrar o descartar.

Ese tipo de pipeline no da visibilidad; genera confusión. El empresario mira la lista y piensa que "hay mucho en marcha", pero cuando necesita resultados concretos descubre que gran parte de ese volumen no era real. Un pipeline sano no busca impresionar; busca decir la verdad. Y decir la verdad, en ventas, es uno de los actos más rentables que existen.

Menos oportunidades, mejores decisiones

Existe una creencia muy extendida: cuantas más oportunidades, mejor.

En la práctica, ocurre justo lo contrario.

Cuantas más oportunidades irrelevantes hay en el pipeline:

- más difícil es priorizar
- más presión se genera
- y menos fiables son las previsiones.

Un pipeline eficaz no se construye añadiendo, sino quitando: quitando lo que no avanza, lo que no cumple criterios y lo que solo ocupa espacio mental. Ese acto de limpieza suele generar vértigo, porque parece que se está renunciando a posibles ventas. En realidad, se está renunciando al ruido, y el ruido es uno de los mayores enemigos de la buena gestión.

El pipeline como herramienta de gobierno

Cuando el pipeline está bien construido, deja de ser un registro y se convierte en una herramienta de gobierno del negocio.

Permite:

- decidir dónde poner foco
- anticipar necesidades
- y ajustar el ritmo sin vivir en la urgencia.

Un empresario con pipeline claro no pregunta "¿qué podemos cerrar ya?".

Pregunta "¿qué tiene sentido trabajar ahora?".

Ese cambio de pregunta es clave.

Porque desplaza el foco del resultado inmediato al proceso. Y cuando el proceso está bien gobernado, los resultados llegan con mucha más estabilidad.

El impacto directo en el día a día del empresario

Un pipeline mal definido tiene un efecto directo sobre la agenda del empresario: todo pasa por él, todo parece urgente y todo requiere su intervención. No porque sea imprescindible, sino porque no hay un criterio claro que ordene las decisiones.

Cuando el pipeline se convierte en un lenguaje común dentro del negocio, muchas decisiones dejan de escalar. Se resuelven solas, porque el sistema ya marca qué toca hacer. Ese es uno de los primeros momentos en los que el empresario empieza a notar alivio real, no porque trabaje menos de golpe, sino porque deja de cargar con decisiones innecesarias.

Pipeline y margen: una relación directa

El pipeline no solo ordena el tiempo. Ordena el margen.

Cuando no hay pipeline claro, el negocio tiende a:

- acelerar cierres por miedo
- conceder descuentos innecesarios
- aceptar condiciones que luego pesan.

Todo eso ocurre porque no hay perspectiva.
Un pipeline bien gestionado reduce la urgencia.
Y reducir la urgencia es una de las formas más efectivas de proteger el margen.
Cuando el negocio sabe que tiene oportunidades reales en marcha, puede decidir con más calma. Y la calma, en ventas, es poder.

El error de pensar que el pipeline es solo para grandes empresas

Otro error habitual es pensar que el pipeline es algo propio de estructuras grandes o equipos comerciales complejos. Nada más lejos de la realidad. Cuanto más pequeño es el negocio, más necesario es el pipeline, porque hay menos margen de error, menos colchón y menos recursos para compensar malas decisiones. En empresas pequeñas, cada venta cuenta y, precisamente por eso, cada venta debería estar bien decidida. El pipeline no añade burocracia; añade claridad.

El primer paso real hacia la previsión

Muchos empresarios dicen que no pueden prever, que su negocio es imprevisible por naturaleza. En la mayoría de los casos, no es cierto. Lo que ocurre es que no hay una estructura que permita ver patrones. El pipeline es el primer paso hacia una previsión realista, no porque garantice resultados, sino porque muestra tendencias. Y con tendencias, el negocio deja de ir a ciegas.

Cuando el pipeline empieza a funcionar de verdad, el cambio no es inmediato ni espectacular; es silencioso. Las decisiones se vuelven más fáciles, las reuniones más cortas y las urgencias menos frecuentes. Y el empresario empieza a notar algo que llevaba tiempo sin sentir: la sensación de que el negocio, por fin, no depende de apagar fuegos constantemente.

CAPÍTULO 18

Etapas claras y previsión realista

Uno de los mayores autoengaños en ventas es pensar que una oportunidad avanza porque pasa el tiempo. Se habló, se envió una propuesta y se hizo seguimiento y, sin embargo, nada cambia. Aun así, la oportunidad sigue "viva", permanece en la lista, ocupa espacio mental y genera expectativas que rara vez se cumplen.

El problema no es la falta de esfuerzo, sino la falta de criterios claros para decidir cuándo una oportunidad avanza… y cuándo no.

Cuando todo está "en marcha", nada avanza

En muchos negocios, el pipeline se llena de oportunidades que no se mueven: conversaciones abiertas durante semanas o meses, clientes que "lo están mirando" y decisiones que nunca llegan. Ese tipo de pipeline crea una ilusión peligrosa, la sensación de que hay potencial acumulado. Pero el potencial no es realidad, y basar decisiones en expectativas suele salir caro.

Cuando no existen etapas claras, todo parece estar al mismo nivel. Y cuando todo está al mismo nivel, el empresario no sabe dónde poner el foco.

El resultado es conocido:

- seguimientos eternos
- previsiones que no se cumplen
- y decisiones tomadas siempre con prisas.

Qué es realmente una etapa

Una etapa no es un nombre bonito en una columna. No es una etiqueta arbitraria. Es un **punto de decisión**.

Una oportunidad cambia de etapa porque algo relevante ha ocurrido:

- el cliente ha tomado una decisión
- ha aportado información clave
- ha asumido un compromiso concreto.

Si no ha pasado nada de eso, la oportunidad no ha avanzado. Aunque haya habido llamadas, correos o reuniones. Este enfoque obliga a ser honesto.

Y la honestidad en ventas suele incomodar al principio.

Pero es imprescindible.

Etapas claras obligan a decidir

Cuando las etapas están bien definidas, el negocio no puede esconderse detrás de la actividad.

Cada oportunidad plantea una pregunta incómoda: ¿ha cambiado algo o no?

Si no ha cambiado, hay que decidir:

- insistir
- redefinir
- o cerrar.

Y cerrar oportunidades que no avanzan es una de las decisiones más rentables que puede tomar un negocio.

No porque aumente ventas de inmediato, sino porque:

- libera tiempo
- reduce ruido
- y mejora la calidad de las decisiones.

El precio de no cerrar a tiempo

Muchas oportunidades permanecen abiertas por miedo: miedo a perder una posible venta, a equivocarse o a decir que no. Ese miedo tiene un coste oculto. Cada oportunidad abierta consume atención, cada seguimiento ocupa espacio mental y cada expectativa falsa condiciona decisiones futuras. Cuando el pipeline se llena de oportunidades que no avanzan, la previsión se distorsiona y, cuando la previsión se distorsiona, el negocio vive en urgencia permanente.

Cerrar a tiempo no es rendirse.

Es **proteger el sistema.**

Prever no es adivinar

Uno de los mayores errores en ventas es confundir previsión con predicción.

Prever no significa saber exactamente qué va a ocurrir. Significa **ver con suficiente claridad como para decidir con antelación.**

Una previsión realista no promete certezas.

Ofrece escenarios.

Permite responder preguntas como:

- ¿qué volumen tiene sentido esperar?
- ¿qué ritmo es razonable?

¿qué decisiones conviene adelantar?

Sin previsión, todo se decide tarde: se contrata tarde, se ajustan precios tarde y se reacciona siempre tarde.

Por qué las previsiones fallan tanto

Las previsiones suelen fallar no porque el mercado sea imprevisible, sino porque el pipeline no es fiable.

Cuando:

- las etapas no están claras
- las oportunidades no se filtran
- y el avance no responde a criterios
- la previsión se convierte en un deseo.

Y gestionar un negocio a base de deseos genera desgaste.

Una previsión realista se construye sobre datos imperfectos, sí. Pero también sobre decisiones coherentes.

No busca acertar siempre.

Busca **reducir sorpresas**.

El impacto directo en la toma de decisiones

Cuando el negocio empieza a prever con cierta fiabilidad, algo cambia en la gestión diaria.

Las decisiones dejan de ser impulsivas.

Se gana margen de maniobra.

Se puede planificar con más calma.

El empresario deja de preguntarse cada semana si "se llegará".

Empieza a pensar en cómo mejorar el sistema.

Ese cambio mental es profundo.

Y tiene un efecto directo sobre el cansancio.

La incertidumbre constante agota más que el trabajo.

Previsión y delegación

Sin previsión, delegar es arriesgado, porque no hay contexto ni marco. Con previsión, en cambio, la delegación se vuelve posible: las personas entienden qué es importante, qué tiene prioridad y qué puede esperar. La previsión no elimina los errores, pero reduce la improvisación. Y la improvisación es uno de los mayores enemigos de una empresa que quiere dejar de depender del dueño.

De la urgencia a la gestión

Un negocio sin etapas claras vive en urgencia; un negocio con etapas claras empieza a gestionar. No porque todo esté bajo control, sino porque ya no todo depende del último cierre. Las ventas dejan de ser una fuente constante de tensión y se convierten en un proceso que puede observarse, corregirse y mejorarse.

Ese es el verdadero valor de las etapas y la previsión: no hacer magia con los números, sino devolver al empresario algo que había perdido, la capacidad de decidir sin correr siempre detrás del problema.

CAPÍTULO 19

Por qué se cobra mal (y cómo se decide el precio)

La mayoría de los problemas de rentabilidad en una empresa no empiezan en los costes.

No porque el empresario no sepa calcularlo, sino porque **no lo decide con claridad**.

En muchos negocios, el precio no es una decisión estratégica, sino una reacción: una respuesta rápida a una conversación incómoda o un ajuste preventivo "por si acaso". Y cuando el precio se convierte en reacción, el margen empieza a desaparecer sin hacer ruido.

"Una Empresa de servicios con 5 empleados y 420.000 € de facturación. No subía precios desde hacía 4 años 'por miedo a perder clientes'. Tras definir un precio mínimo y dejar de negociar a la baja, perdió dos clientes pequeños. El margen subió un 18 % y el estrés bajó de inmediato."

Cobrar mal no suele ser un problema técnico

Existe la creencia de que los empresarios cobran mal porque no saben hacer números.

Porque no conocen bien sus costes. Porque no entienden el margen.

En la mayoría de los casos, no es así. Cobran mal porque **tienen miedo**.

Miedo a perder al cliente, a que el presupuesto no encaje o a quedarse fuera del mercado. Ese miedo rara vez se reconoce como tal; se disfraza de flexibilidad, de adaptación o de "entender al cliente". Pero el efecto es siempre el mismo: precios que se bajan antes de tiempo y sin criterio.

El precio como variable de cierre

En muchos procesos comerciales, el precio se utiliza como herramienta para cerrar: cuando el cliente duda, se ajusta; cuando se percibe resistencia, se rebaja; y cuando hay presión, se cede. El problema no es bajar precios puntualmente, sino hacerlo sin saber desde dónde se baja.

Cuando el negocio no tiene claro cuál es su precio mínimo aceptable, cada negociación se convierte en una apuesta. Y apostar con el margen es una de las formas más rápidas de generar urgencia. La urgencia, a su vez, empuja a vender más para compensar… y el círculo vuelve a empezar.

El límite que casi nadie define

Hay una pregunta que muchos empresarios evitan hacerse: **¿a partir de qué precio esta venta deja de tener sentido para mi negocio?**

No desde el punto de vista emocional. Desde el punto de vista económico y estructural. Ese límite no se negocia con el cliente, se decide internamente.

Cuando ese límite no está claro:

- cualquier descuento parece razonable
- cualquier concesión se justifica
- y cualquier cierre se celebra… aunque no convenga.

Definir ese umbral no convierte al negocio en rígido. Lo vuelve consciente.

Y la consciencia es una de las mayores ventajas competitivas que existen.

Precio y estructura van de la mano

El precio no vive aislado. Está íntimamente ligado a la estructura del negocio.

Un precio bajo exige volumen.

El volumen exige recursos. Los recursos exigen coordinación.

Si la estructura no está preparada, el precio bajo se convierte en presión constante.

Muchos negocios se sorprenden de estar siempre al límite, cuando en realidad han construido un modelo que **solo funciona bajo estrés**.

No hay margen para el error. No hay margen para decidir con calma. Todo depende del próximo cierre.

Ese tipo de empresa no trabaja mal.

Está **mal diseñada**.

Cobrar bien no es cobrar caro

Cobrar bien no significa cobrar más que nadie. Significa cobrar de forma coherente con lo que el negocio puede sostener.

Un precio bien decidido:

- protege el margen
- reduce la urgencia
- y permite elegir mejor a los clientes.

Cuando el precio es coherente, la venta deja de ser una lucha constante. No porque todos acepten sin rechistar, sino porque el negocio sabe hasta dónde puede llegar. Ese conocimiento cambia por completo la forma de negociar.

El impacto psicológico del precio mal decidido

Cobrar mal no solo afecta a los números; afecta a la actitud. Cuando el empresario siente que trabaja mucho para lo que cobra, aparece el resentimiento: hacia el cliente, hacia el mercado y hacia el propio negocio. Ese resentimiento contamina decisiones futuras, se pierde motivación y se pierde claridad.

Un precio bien decidido, en cambio, genera tranquilidad. Permite defender condiciones sin tensión, decir que no sin culpa y tomar decisiones con más criterio. Y esa tranquilidad se nota en toda la empresa.

El precio como herramienta de selección

El precio no solo sirve para facturar; sirve para seleccionar. Selecciona clientes, expectativas y relaciones. Cuando el precio es demasiado bajo, atrae clientes que valoran poco el criterio y mucho la concesión; cuando es coherente, atrae clientes que buscan estabilidad y confianza.

No todos los clientes son para todos los negocios, y el precio es una de las formas más claras de comunicarlo.

Uno de los mayores errores es decidir el precio durante la negociación: cuando el cliente ya está delante, cuando hay presión y cuando hay prisa. El precio debe decidirse antes de salir a vender, en frío, con datos y con criterio. Eso no elimina la negociación; la ordena. Permite saber qué se puede mover y qué no, y elimina gran parte del desgaste emocional asociado a vender.

Cuando el precio deja de ser una improvisación, algo cambia en el negocio. Las ventas se vuelven más selectivas, las negociaciones más limpias y el empresario empieza a sentir que su esfuerzo tiene sentido. No porque todo sea fácil, sino porque las reglas están claras. Y cuando las reglas están claras, el negocio deja de ir siempre cuesta arriba.

CAPÍTULO 20

Precio, valor y negociación sin perder margen

Una vez que el precio está decidido con criterio, aparece la siguiente dificultad: **defenderlo**.

No frente a una hoja de Excel, sino frente a una persona.

Un cliente que compara.

Que duda.

Que pregunta si se puede ajustar.

Aquí es donde muchos empresarios sienten que todo el trabajo previo se tambalea.

Porque decidir bien el precio es una cosa.

Sostenerlo en una conversación real es otra muy distinta.

El error de justificar el precio

Uno de los errores más habituales en la negociación es intentar justificar el precio explicando todo lo que se hace.

Horas.

Tareas.

Esfuerzo.

Complejidad.

Cuanto más se justifica, más se expone el precio. Y lo que se expone, se discute.

El cliente no compra horas. Compra **tranquilidad, reducción de riesgo** y **mejores decisiones**.

Cuando el discurso se centra solo en el esfuerzo, el valor se diluye. Y el precio queda huérfano.

Precio y valor no son lo mismo

El precio es una cifra. El valor es una percepción.

Y esa percepción no se construye durante la negociación.

Se construye mucho antes.

Cuando el proceso comercial está desordenado, el precio aparece como un obstáculo.

Cuando el proceso está bien estructurado, el precio se entiende como una consecuencia lógica.

El cliente acepta un precio no porque sea barato, sino porque **tiene sentido** dentro del marco que se ha construido.

Ese marco incluye:

- claridad en el problema
- coherencia en la propuesta
- y seguridad en la forma de vender.

Negociar desde la calma (y no desde la urgencia)

La urgencia es el peor aliado de la negociación.

Cuando el negocio necesita cerrar sí o sí, el cliente lo percibe. Y cuando lo percibe, presiona.

Bajar el precio en ese contexto puede cerrar una venta puntual, pero debilita el sistema entero.

La verdadera negociación empieza cuando el negocio **no depende** de ese cierre concreto.

Cuando sabe que tiene otras oportunidades reales en marcha.

Cuando conoce sus límites.

Cuando puede permitirse decir no.

Esa calma no se improvisa.

Se construye con sistema.

Descuento no es concesión gratuita

Un descuento solo tiene sentido si hay un intercambio.

Menos alcance.

Menos urgencia.

Menos riesgo.

Menos exigencia.

Cuando el precio baja y nada cambia, no hay negociación. Hay cesión.

Cada cesión sin intercambio enseña al cliente algo peligroso: que el precio es flexible... porque sí.

Y eso no afecta solo a esa venta.

Afecta a todas las siguientes.

El precio como frontera

El precio no es una barrera que haya que saltar. Es una frontera que define la relación.

Marca expectativas.

Marca compromiso.

Marca el tipo de cliente que entra.

Cuando el precio está mal defendido, la frontera se difumina.

Y aparecen:

- clientes exigentes

- condiciones confusas

- y relaciones tensas.

Un precio bien defendido no genera conflicto. Genera respeto.

Decir no también es negociar

Decir no no es fracasar. Es decidir.

Muchos empresarios temen perder oportunidades por mantener su precio. Pero rara vez se preguntan qué pierden aceptando ventas que no convienen.

Tiempo.

Energía.

Foco.

Cada "sí" mal dado tiene un coste oculto. Y ese coste suele pagarse durante meses.

Un negocio que sabe decir no transmite algo muy potente:seguridad.

Y la seguridad vende más que cualquier argumento.

El cambio interno que produce vender con margen

Cuando el negocio empieza a defender sus precios con coherencia, algo cambia internamente. Las conversaciones se relajan, las decisiones se aclaran, el equipo entiende los límites y el empresario deja de sentir que cada venta es una batalla. No porque desaparezca la negociación, sino porque deja de ser una lucha desigual.

Negociar menos para vender mejor

El objetivo no es eliminar la negociación. Es **negociar menos y decidir mejor**.

Cuando el sistema comercial está bien construido:

- las propuestas son más claras
- las expectativas están mejor alineadas
- y los precios se entienden mejor.

Eso reduce fricción.

Reduce desgaste.

Y protege el margen.

El impacto real en el día a día

Defender bien el precio no solo mejora la cuenta de resultados.

Mejora la calidad del trabajo diario.

Menos tensión.

Menos resentimiento.

Más sensación de control.

El empresario deja de preguntarse si "estará cobrando demasiado" y empieza a preguntarse si **está vendiendo lo que le conviene**.

Ese cambio de pregunta es fundamental.

El precio como pieza del sistema

El precio no es un elemento aislado.

Es una pieza más del sistema comercial.

Cuando todo encaja —criterio, proceso, visibilidad y negociación— vender deja de ser una fuente constante de desgaste.

Y el negocio empieza a funcionar con una lógica distinta: menos impulsiva, más estratégica.

CAPÍTULO 21

Implantar un sistema comercial sin volverte loco/a

Después de leer los capítulos anteriores, es fácil pensar que implantar un sistema comercial sólido implica más trabajo, más control y más complejidad.

Más herramientas.

Más reuniones.

Más seguimiento.

Y para muchos empresarios esa idea resulta casi insoportable, porque precisamente lo que buscan es **salir del exceso**, no añadir más capas.

La buena noticia es que un sistema comercial bien planteado no complica el negocio.

Lo **simplifica**.

El problema no es tener sistema.

El problema es intentar implantarlo todo a la vez, sin criterio y sin foco.

El error de querer hacerlo perfecto

Uno de los mayores frenos a la implantación de cualquier mejora es el perfeccionismo. Se quiere definir el proceso ideal, las etapas perfectas, los indicadores exactos y las herramientas adecuadas, y mientras tanto no se cambia nada. Un sistema comercial no empieza siendo perfecto, empieza siendo usable. Y la diferencia es clave.

Un sistema usable se utiliza; uno perfecto, casi nunca. Implantar un sistema no consiste en diseñar algo brillante sobre el papel, sino en empezar a decidir de forma distinta en el día a día.

Menos herramientas, más decisiones

Muchos negocios confunden sistema con tecnología: CRM nuevos, dashboards y automatizaciones. Todo eso puede ayudar, pero no es el punto de partida. El sistema no vive en la herramienta, vive en las decisiones: qué oportunidades entran, cuáles avanzan, cuáles se cierran y bajo qué condiciones.

Si esas decisiones no cambian, ninguna herramienta arregla nada; solo disfraza el problema. Por eso, el primer paso no es tecnológico, es mental.

El orden correcto para implantar

Implantar un sistema comercial sin volverte loco implica respetar un orden lógico.

Primero, **criterio**.

Después, **estructura**.

Y solo al final, **herramienta**.

Cuando se invierte ese orden, el sistema fracasa.

Definir criterios claros —qué es una oportunidad real, qué no lo es, cuándo avanza y cuándo se cierra— reduce más caos que cualquier software.

Una vez esos criterios existen, la estructura aparece casi sola. Y la herramienta se convierte en apoyo, no en protagonista.

Cambiar pocas cosas, pero bien

Otro error habitual es intentar cambiarlo todo de golpe: nuevas etapas, nuevas reglas y nuevas reuniones. Eso suele generar rechazo, y el rechazo bloquea el cambio. Implantar bien un sistema comercial implica cambiar pocas cosas y mantenerlas en el tiempo: cerrar oportunidades que no avanzan, definir un precio mínimo claro y dejar de perseguir todo lo que aparece.

Estos cambios parecen pequeños, pero su impacto es enorme, porque afectan directamente a la urgencia, al margen y al cansancio.

El sistema como apoyo, no como carga

Un sistema comercial debe ser un apoyo, no una carga. No debería exigir más energía de la que devuelve; si lo hace, está mal planteado. El objetivo no es controlar más, sino pensar menos en lo que no importa. Cuando el sistema funciona, las reuniones se acortan, las decisiones se aceleran y muchas dudas desaparecen solas. No porque todo esté resuelto, sino porque el marco es claro.

En esta fase, el papel del empresario es clave, no como ejecutor, sino como referente. No se trata de estar encima, sino de marcar criterio: qué se considera una oportunidad, qué no se negocia y qué decisiones no se discuten. Cuando el empresario no sostiene el sistema, el sistema se diluye y el negocio vuelve al punto de partida. Sostener no es vigilar; es ser coherente.

El cambio no es inmediato (y eso es buena señal)

Uno de los mayores errores es esperar resultados inmediatos. Un sistema comercial no transforma el negocio en una semana, pero empieza a cambiarlo desde el primer momento. Primero se nota en la claridad, luego en la agenda y, más adelante, en los resultados. Si el cambio es demasiado rápido, suele ser superficial; si es progresivo, suele ser sólido.

Cuando el sistema empieza a funcionar, no hay fuegos artificiales. Hay algo mejor: alivio. Menos decisiones urgentes, menos negociaciones tensas y menos sensación de ir siempre tarde. El empresario empieza a notar que el negocio ya no depende tanto de su presencia constante. Y esa sensación es profundamente liberadora.

Sistema y libertad no se contradicen

Existe la creencia de que los sistemas quitan libertad. En realidad, es la falta de sistema lo que esclaviza. Cuando no hay reglas claras, todo depende del empresario; cuando las reglas existen, el negocio puede funcionar sin él en cada decisión. El sistema no encorseta, protege: protege el tiempo, el margen y la energía.

El verdadero objetivo

Implantar un sistema comercial no tiene como objetivo vender más, sino dejar de trabajar siempre al límite. Vender mejor, decidir con calma y elegir con criterio. Cuando eso ocurre, el negocio deja de ser una fuente constante de desgaste y empieza, por fin, a jugar a favor del empresario.

Cuando el sistema comercial empieza a funcionar, sucede algo importante: las ventas dejan de ser el centro de todo. No porque dejen de importar, sino porque dejan de generar urgencia constante. A partir de ese momento, el problema ya no es vender, sino qué haces con el tiempo, las personas y la estructura que empiezan a liberarse.

Y es ahí donde muchas empresas se quedan a medio camino. Porque vender bien es imprescindible, pero vender bien para no depender de ti es lo que realmente cambia el modelo de empresa.

BLOQUE - V

LA SALIDA
(PROFESIONALIZAR)

¿Cómo dejo de estar atrapado/a?

CAPÍTULO 22

"Cuando una empresa empieza a ordenarse, ocurre algo curioso: el empresario vuelve a respirar."

La palabra "proceso" suele generar rechazo en la pyme. Suena a empresa grande, a burocracia y a papeles innecesarios. Y, sin embargo, la falta de procesos es una de las mayores fuentes de desgaste para el empresario, no porque complique el trabajo, sino porque lo repite.

Un proceso no es un manual de cien páginas. Es simplemente la mejor forma conocida de hacer algo, siempre igual. Nada más. Nada menos. En multinacionales, los procesos existen para proteger el tiempo directivo: para que lo habitual no requiera pensar cada vez y para que los errores no se repitan. En la pyme, en cambio, muchas veces cada situación se resuelve como si fuera la primera vez.

Y eso cansa.

Desde la asesoría lo veo constantemente. Empresas que pierden tiempo:

- explicando siempre lo mismo
- corrigiendo siempre los mismos errores
- resolviendo siempre las mismas dudas.

No porque la gente no quiera aprender. Sino porque **nadie ha fijado una forma clara de hacer las cosas.**

W. Edwards Deming defendía que los procesos no quitan libertad, sino que **reducen la variabilidad innecesaria.**

En otras palabras: permiten que la energía se use donde realmente importa.

Un proceso bien definido hace tres cosas muy valiosas:

1. Reduce errores

2. Ahorra tiempo

3. Da tranquilidad.

Y eso no tiene nada que ver con el tamaño de la empresa.

Las pymes no necesitan muchos procesos. Necesitan **los adecuados.**

Normalmente bastan unos pocos:

- cómo se atiende a un cliente
- cómo se presupuesta
- cómo se cobra
- cómo se resuelve una incidencia
- cómo se toma una decisión habitual.

Si eso está claro, el 80 % del ruido desaparece.

Un error habitual es intentar documentarlo todo de golpe. Eso no funciona. Los procesos deben nacer de la realidad, de lo que ya se hace, mejorado y simplificado. Un buen proceso cabe en una hoja; si no, no se usa. Cuando los procesos faltan, el empresario se convierte en el manual viviente. Y eso es agotador.

"Empresa pequeña donde cada incidencia se resolvía 'como se podía'. Documentaron un solo proceso crítico. Los mismos errores

dejaron de repetirse. El cansancio bajó más que cualquier herramienta nueva."

Cuando existen, ocurre algo interesante:

- la gente gana seguridad
- el empresario deja de repetir
- la empresa empieza a funcionar con más calma.

En multinacionales, nadie discute los procesos básicos: se revisan y se mejoran, pero no se improvisan cada día. En la pyme, en cambio, la improvisación suele ser constante, y eso se paga con tiempo y estrés. He visto empresas donde documentar tres procesos clave liberó horas semanales del empresario, horas que se usaron para pensar, decidir y mejorar. No para trabajar menos, sino para trabajar mejor. Los procesos simples no quitan flexibilidad; la ordenan.

Permiten saber:

- cuándo seguir el proceso
- cuándo salirse de él
- y por qué.

Eso es profesionalidad.

Una pregunta clave para cerrar este capítulo:

¿Qué cosas se repiten constantemente en tu empresa y siguen sin tener una forma clara de hacerse?

Ahí hay tiempo perdido y también oportunidad. Cuando una pyme empieza a apoyarse en procesos sencillos, el empresario deja de ser el sistema y la empresa empieza a tener uno propio. Y eso cambia por completo la forma de trabajar.

CAPÍTULO 23

Cuando todo es urgente, nada es importante

Hay empresas donde todo corre, todo aprieta y todo es para ayer y, curiosamente, en muchas de ellas nada termina de mejorar. La urgencia constante genera una falsa sensación de actividad: el día se llena, la agenda se satura y el empresario llega agotado a casa.

Pero cuando mira atrás, cuesta identificar **qué ha cambiado realmente**.

En la mayoría de pymes no faltan ganas. Falta **prioridad**.

Todo se trata como si fuera igual de importante:

- un cliente que llama
- un problema menor
- una decisión estratégica
- una incidencia puntual.

Y cuando todo ocupa el mismo nivel, lo importante siempre pierde.

Dwight D. Eisenhower lo resumió con una claridad brutal:

"Lo urgente rara vez es importante, y lo importante rara vez es urgente."

En multinacionales, esta idea se traduce en agendas protegidas, prioridades claras y decisiones escalonadas. En la pyme, muchas veces se traduce en interrupciones constantes.

La urgencia permanente no aparece por casualidad.

Suele ser consecuencia de:

- falta de planificación

- roles poco definidos

- ausencia de procesos

- decisiones postergadas.

Es decir, de todo lo que hemos visto en los capítulos anteriores. Porque cuando no se decide a tiempo, la realidad decide por ti, y casi siempre lo hace en forma de urgencia: un precio que no se revisó, un cliente que se aguantó demasiado, un proceso que nunca se definió o una responsabilidad que no quedó clara.

Todo eso acaba explotando. Y cuando explota, exige atención inmediata.

El problema no es atender urgencias. El problema es **vivir en ellas**. Porque la urgencia constante tiene tres efectos muy claros.

El primero es el **agotamiento mental**.

Decidir todo el tiempo, sin pausa, desgasta. No permite pensar con claridad. Solo reaccionar.

El segundo es la **mala toma de decisiones**.

Las decisiones importantes tomadas con prisa rara vez son buenas.

El tercero es la **sensación de falta de control**.

La empresa parece mandar sobre el empresario, no al revés.

En asesoría, cuando analizamos empresas muy tensionadas, casi siempre aparece el mismo patrón: no es que falte trabajo, es que

falta orden en las prioridades.

Y eso no se arregla trabajando más horas.

Gestionar bien implica decidir **qué no es urgente**, aunque alguien lo reclame como tal.

Implica proteger tiempo para:

- revisar números
- pensar estrategia
- anticipar problemas
- mejorar estructura.

Ese tiempo no aparece solo. Se defiende.

Las empresas mejor gestionadas no eliminan las urgencias. Las **reducen**.

¿Cómo?

- decidiendo antes
- definiendo criterios
- estableciendo límites
- creando rutinas.

Eso no es rigidez.

Es dirección.

Una pyme no se desordena de un día para otro. Se desordena poco a poco, cada vez que:

- se posterga una decisión importante
- se atiende lo urgente para evitar lo incómodo
- se deja "para más adelante" lo que incomoda hoy.

Y ese "más adelante" llega siempre… en el peor momento.

Hay una pregunta muy reveladora:

Si mañana tuvieras una semana sin urgencias, ¿sabrías en qué trabajar para mejorar la empresa?

Si la respuesta no es clara, no es culpa del ritmo; es falta de dirección. Poner orden en las prioridades no hace que la empresa vaya más lenta, hace que avance. Porque cuando lo importante tiene espacio, las urgencias pierden fuerza y el empresario recupera algo esencial: la capacidad de decidir con calma.

CAPÍTULO 24

Fiscalidad y estructura: decisiones que marcan la diferencia

En la mayoría de pymes, la fiscalidad se gestiona tarde y mal.

No por negligencia, sino por enfoque.

Se entiende como una obligación administrativa, no como una **decisión estructural**.

Y eso es un error serio.

Porque la forma jurídica, el sistema de retribución del empresario y la planificación fiscal condicionan directamente:

- la rentabilidad real
- la capacidad de crecimiento
- el nivel de riesgo
- y la tranquilidad personal del dueño.

No son detalles técnicos.Son **decisiones de dirección general**.

La primera gran decisión: cómo está estructurado el negocio

Uno de los casos más habituales que veo en la asesoría es el de empresarios con facturaciones ya consolidadas, márgenes ajustados y mucha carga de trabajo que siguen operando como autónomos.

No porque no sepan que existe la sociedad limitada, sino porque nadie les ha explicado cuándo tiene sentido cambiar y qué implica realmente.

Ejemplo real (simplificado):

- Autónomo, servicios profesionales
- Facturación anual: 140.000 €
- Beneficio antes de impuestos: 65.000 €

Resultado:

- IRPF progresivo elevado
- Cuota de autónomos
- Poca capacidad de planificación
- Riesgo personal elevado.

Cuando se analiza con calma, muchas veces el problema no es "pagar muchos impuestos". Es **estar mal estructurado para el tamaño real del negocio.**

Segunda decisión clave: cómo se retribuye el empresario

Este es uno de los puntos peor entendidos en la pyme.

En muchas empresas no está claro:

- qué parte del dinero es salario
- qué parte es beneficio
- qué parte es ahorro
- qué parte se reinvierte.

Todo se mezcla.

He visto casos donde el empresario:

- cobra poco "para pagar menos impuestos"
- saca dinero cuando puede
- no sabe cuánto gana realmente al año.

Eso no es eficiencia fiscal.

Es desorden.

Ejemplo real:

Empresa con beneficios estables, pero:

- sin sueldo definido del socio
- sin criterio entre nómina y dividendos
- sin planificación anual.

Resultado:

- tensión de caja
- decisiones improvisadas
- sustos fiscales en cierres.

Cuando se define un sistema claro de retribución, el empresario gana algo muy valioso: **visibilidad.**

Sabe cuánto gana. Sabe cuánto puede gastar. Y sabe qué decisiones puede tomar.

Tercera decisión: fiscalidad y gestión no pueden ir separadas

Otro error habitual: la empresa decide por un lado y la fiscalidad intenta "arreglarlo" después.

Ejemplo real: Es la empresa que sube estructura, contrata personal y baja márgenes y, al final del año, pregunta: "¿Cómo podemos pagar menos impuestos?". La respuesta técnica suele ser incómoda: no hay margen para ahorrar cuando la decisión ya está tomada. La planificación fiscal funciona antes, no después. En multinacional esto es evidente; en la pyme, muchas veces se aprende a base de golpes.

"Empresa que creció rápido sin revisar estructura fiscal. Facturaba más, ganaba menos y pagaba impuestos sin margen de maniobra. No era un problema de impuestos, sino de decisiones tomadas tarde."

Cuarta decisión: el falso ahorro fiscal

He visto empresarios obsesionados con pagar menos impuestos mientras perdían miles de euros por decisiones mal planteadas.

Casos reales:

- gastos forzados sin criterio
- inversiones innecesarias "para desgravar"
- estructuras complejas sin necesidad.

El resultado suele ser el mismo:

- más riesgo
- más complejidad
- mismo cansancio.

Ahorrar impuestos sin estrategia no es ahorro.

Es **pan para hoy y problemas para mañana.**

Quinta decisión: anticipar en lugar de reaccionar

La gran diferencia entre una fiscalidad bien trabajada y una fiscalidad sufrida es el **tiempo.**

Cuando se planifica:

- se eligen momentos
- se ordenan decisiones
- se evitan sobresaltos.

Cuando se reacciona:

- se paga lo que toca
- se improvisa
- se asume tensión.

He visto empresas que, solo por revisar su estructura a tiempo, han conseguido:

- mejorar su rentabilidad neta
- reducir riesgo personal
- ordenar su crecimiento.

Sin vender más.

Sin trabajar más.

La figura clave: el asesor como parte de la dirección

Aquí conviene ser claro.

Un asesor que solo presenta impuestos cumple una función.

Pero no aporta dirección.

Una empresa que quiere profesionalizarse necesita:

- alguien que entienda el negocio
- que conozca los números
- que anticipe escenarios
- que alinee fiscalidad y estrategia.

Eso no es un gasto.

Es una inversión.

La pregunta que lo ordena todo

Hay una pregunta que hago siempre y que suele generar silencio:

¿Tu estructura fiscal está pensada para maximizar el resultado de tu esfuerzo… o solo para cumplir con Hacienda?

Si la respuesta es la segunda, la empresa no está mal gestionada; está infrautilizando una palanca clave. Este capítulo no pretende que tomes decisiones fiscales mañana mismo. Pretende algo más importante: que dejes de ver la fiscalidad como un trámite y empieces a verla como lo que es, una parte esencial de la gestión empresarial. Cuando eso ocurre, el negocio se ordena, el riesgo se reduce y el esfuerzo, por fin, empieza a compensar.

CAPÍTULO 25

De empresa personal a empresa gestionada

(El punto en el que todo cambia)

Si has llegado hasta aquí, hay algo que ya es evidente: tu problema no es la falta de esfuerzo.

Nunca lo fue.

Has trabajado.

Has asumido riesgos.

Has sacado la empresa adelante cuando nadie más lo hacía.

Y, aun así, sigues teniendo la sensación de que todo depende demasiado de ti.

Eso no habla mal de ti como empresario. Habla de **cómo está construida tu empresa.**

A lo largo de este libro hemos hablado de errores habituales, de números, de estructura, de decisiones mal alineadas y de cansancio acumulado.

Pero todo se resume en una sola diferencia fundamental: **empresa personal** vs **empresa gestionada**

La empresa personal

Es la que gira alrededor del empresario: todo pasa por él, todo se decide con él y todo se resuelve gracias a él. Funciona… mientras él aguanta. Es flexible, sí, y a veces rápida, pero es frágil, porque depende del tiempo, la energía y la cabeza de una sola persona.

La empresa gestionada

Es la que funciona con criterio, no porque el empresario se implique menos, sino porque se implica mejor. Hay números claros, responsabilidades definidas, decisiones pensadas antes de que exploten y una estructura fiscal coherente con el negocio real. El empresario sigue siendo clave, pero deja de ser imprescindible en todo. Y eso lo cambia todo.

Este paso no tiene que ver con crecer más, sino con ordenar mejor: con dejar de improvisar decisiones a final de mes, de apagar fuegos que siempre son los mismos y de normalizar un cansancio que no debería ser parte del trabajo.

Aquí viene una verdad incómoda, pero honesta: la mayoría de empresarios no da este paso solo. No porque no sea capaz, sino porque cuando estás dentro, cuesta ver con claridad.

Cuesta separar:

- lo urgente de lo importante
- el hábito de la necesidad
- el esfuerzo del resultado.

Y cuesta todavía más tomar decisiones estructurales sin una visión externa.

En mi experiencia —tanto en asesoría como en empresa—, las pymes que realmente cambian lo hacen cuando ocurre una de estas dos cosas:

1. El empresario toca fondo de cansancio
2. O decide profesionalizar antes de que eso ocurra.

Las que esperan demasiado suelen pagar el cambio más caro.

Profesionalizar no es complicar

Uno de los grandes miedos del empresario es este:
—Si profesionalizo, perderé agilidad.

La realidad suele ser la contraria.

Cuando se profesionaliza bien:

- baja el ruido
- bajan las urgencias
- bajan los errores
- sube la claridad.

Y la empresa empieza a devolver algo que muchos empresarios habían dado por perdido: **control**.

Aquí es donde entra el verdadero valor de la consultoría y la gestoría bien entendidas.

No como servicios aislados.

No como trámites.

No como "alguien que lleva los papeles".

Sino como acompañamiento en decisiones clave:

- números
- estructura
- fiscalidad
- organización
- criterio directivo.

Eso no se resuelve con una plantilla ni con un software.

Se trabaja.

Se piensa.

Se decide.

Muchos empresarios llegan a este punto con una sensación clara:

"Sé lo que no quiero seguir haciendo, pero no tengo del todo claro cómo dar el siguiente paso."

Eso es normal. Porque el siguiente paso no es trabajar más, sino trabajar distinto. Y hacerlo bien desde el principio ahorra años de desgaste.

Este libro no pretende que mañana lo cambies todo. Pretende algo más realista y más útil: que dejes de normalizar una empresa que te exige demasiado y empieces a plantearte una empresa que esté a tu servicio.

La decisión final no es técnica. Es personal.

No es:

- autónomo o sociedad
- subir precios o no
- contratar o no
- delegar o no.

La decisión real es esta:

¿Quieres seguir sosteniendo la empresa con tu esfuerzo…o prefieres construir una empresa que se sostenga por sí misma?

Cuando esa pregunta se responde con honestidad, el camino empieza a aclararse. Si este libro te ha servido para poner orden en la cabeza, el siguiente paso no es otro libro; es una conversación. Una conversación profesional, con números encima de la mesa, decisiones reales y visión de conjunto. Porque las empresas que funcionan mejor no son las que lo saben todo, sino las que se dejan ayudar a tiempo.

EPÍLOGO

La pregunta final

¿Quieres una empresa o un autoempleo caro?

Al final, todo este libro se puede resumir en una sola pregunta.

No es una pregunta técnica.

No es fiscal.

No es contable.

Es una pregunta personal.

Hay empresarios que tienen una empresa.

Y hay empresarios que tienen un autoempleo muy exigente, aunque facture bien y desde fuera parezca que funciona.

La diferencia no está en las horas que trabajan.

Ni en el tamaño del negocio.

Ni siquiera en los ingresos.

La diferencia está en cómo está construida la empresa.

Un autoempleo caro depende de ti para todo: para decidir, para resolver y para avanzar. Si tú paras, se para. Si tú te cansas, todo se resiente.

Una empresa, en cambio, se sostiene sobre criterios, estructura y decisiones pensadas. Te necesita, pero no te exprime.

Durante estas páginas has visto que trabajar mucho no siempre significa avanzar, que facturar no es lo mismo que ganar y que el desorden, la improvisación y las decisiones mal alineadas se pagan con tiempo, dinero y desgaste. Nada de eso te hace mal empresario. Te hace empresario sin sistema. Y eso tiene solución.

La verdadera decisión no es si crecer más, ni si contratar, ni si cambiar de forma jurídica. La decisión real es esta:

¿Quieres seguir sosteniendo la empresa con tu esfuerzo o prefieres construir una empresa que te devuelva tranquilidad, control y margen?

Cuando esa pregunta se responde con honestidad, todo lo demás empieza a ordenarse. Porque una empresa bien gestionada no se improvisa, se construye. Y cuando se construye bien, el esfuerzo deja de ser una carga y empieza, por fin, a tener sentido.

Si al cerrar este libro sientes que algo encaja, que muchas piezas empiezan a colocarse, no es casualidad. Es el primer paso para dejar de tener un autoempleo caro y empezar a dirigir una empresa de verdad.

El problema nunca fue que trabajaras poco. Fue que nadie te enseñó a dirigir con criterio. Y una empresa sin criterio siempre acaba pagando el precio en forma de cansancio, urgencia y poco beneficio.

Este libro no se termina aquí.

No porque falte contenido, sino porque las ideas solo cobran valor cuando se contrastan con la realidad de cada empresa. Cada negocio tiene números, personas y decisiones distintas, y ordenarlas desde dentro no siempre es fácil.

Si algo de lo que has leído te ha hecho parar, dudar o replantearte cosas, no es casualidad. Es señal de que hay margen para dirigir mejor. El siguiente paso no es trabajar más ni aprender más teoría. Es conversar con criterio, con datos encima de la mesa y con alguien que ayude a ver lo que desde dentro cuesta ver.

Porque las empresas que mejor funcionan no son las que lo saben todo. Son las que deciden a tiempo y no esperan a estar agotadas para hacerlo.

ANEXO I

Test rápido

¿Tu empresa trabaja para ti… o tú para ella?

Este test no es un diagnóstico técnico ni pretende darte una nota o decirte si lo estás haciendo bien o mal. Sirve para algo mucho más útil: ayudarte a ver con claridad dónde estás ahora mismo. Respóndelo con honestidad, sin justificarte y sin pensar en "cuando las cosas vayan mejor".

Marca **SÍ** o **NO** en cada pregunta.

BLOQUE 1 · TU TIEMPO Y TU PAPEL

1. ¿La empresa puede funcionar con normalidad si tú no estás una semana?

2. ¿Puedes desconectar de verdad sin que todo dependa de ti?

3. ¿Tienes tiempo real para pensar en la empresa, no solo para apagar fuegos?

4. ¿Tu agenda refleja prioridades estratégicas y no solo urgencias?

BLOQUE 2 · NÚMEROS Y RENTABILIDAD

1. ¿Sabes con claridad cuánto ganas realmente al año, después de todo?

2. ¿Tienes control mensual de margen, beneficio y caja?

3. ¿Tomas decisiones basándote en datos y no solo en sensaciones?

4. ¿Sabes qué clientes o servicios te aportan más rentabilidad real?

BLOQUE 3 · ORGANIZACIÓN Y ESTRUCTURA

1. ¿Está claro quién decide qué dentro de la empresa?

2. ¿Existen procesos básicos definidos para lo que se repite cada semana?

3. ¿Las responsabilidades están claras o casi todo acaba pasando por ti?

4. ¿Tu empresa funcionaría igual si tú dejaras de intervenir en lo operativo?

BLOQUE 4 · PRECIOS, VENTAS Y VALOR

1. ¿Cobras con criterio y seguridad por el valor que aportas?

2. ¿Tus precios están calculados con costes y tiempo reales?

3. ¿Vendes sin necesidad de justificarte constantemente por el precio?

4. ¿Tu modelo de ventas es coherente con el tipo de empresa que quieres tener?

BLOQUE 5 · FISCALIDAD Y DECISIONES CLAVE

1. ¿Tu estructura fiscal está pensada para el negocio que tienes hoy?

2. ¿Sabes si estás pagando lo que toca… o más de lo necesario?

3. ¿Tu forma de cobrar y retribuirte tiene un criterio claro?

4. ¿Tomas decisiones fiscales con antelación y no a última hora?

RESULTADOS

Interpreta tus respuestas

- **16–20 SÍ** Tu empresa tiene una base sólida. Aun así, probablemente haya margen de mejora en eficiencia, rentabilidad o tranquilidad.

- **10–15 SÍ** Tu empresa funciona, pero depende demasiado de ti. Estás en una zona peligrosa: mucho esfuerzo, resultados irregulares.

- **Menos de 10 SÍ** No tienes una empresa gestionada. Tienes un autoempleo caro que se sostiene por tu implicación constante.

No es una crítica. Es una fotografía.

LA PREGUNTA IMPORTANTE

Más allá del resultado, hay una pregunta que lo cambia todo:

¿Quieres seguir así otros 3 o 5 años?

Porque la mayoría de empresarios no cambia cuando tiene un problema.

Cambia cuando se cansa de repetirlo.

EL SIGUIENTE PASO (SI QUIERES DARLO)

Este libro te ha ayudado a ordenar ideas. Pero **ordenar una empresa requiere algo más que lectura.**

Requiere:

- mirar números con criterio
- tomar decisiones estructurales
- alinear gestión, fiscalidad y estrategia
- y hacerlo con una visión externa.

Eso no se improvisa.

Si al leer este test has pensado

"esto habría que mirarlo con alguien",

no es casualidad.

Es el momento de pasar de la reflexión a la acción.

ANEXO II

Ejemplo sencillo de control comercial

(válido para casi cualquier negocio B2B o de servicios)

Ejemplo · Empresa de servicios profesionales

(consultoría, servicios técnicos, marketing, mantenimiento, formación, etc.)

1. Cuándo una oportunidad entra en el sistema

No todo contacto es una oportunidad real. Solo entra en el sistema cuando se cumplen **criterios mínimos**:

- El cliente explica **qué problema quiere resolver**.
- Hay un **alcance claro**, aunque sea aproximado.
- Existe **intención real de contratar**, no solo "mirar opciones".
- La persona que habla puede decidir o influir claramente.
- El presupuesto estimado no está fuera de toda lógica.

Ejemplo real

"Quiero saber precios para tener una idea." → No entra. Es interés, no oportunidad.

"Tenemos este problema, necesitamos resolverlo en los próximos meses y estamos comparando proveedores." → Oportunidad real.

2. Cuándo se hace seguimiento

El seguimiento no es automático.

Solo se hace si el cliente demuestra implicación:

- Responde a los mensajes clave.

- Aporta información cuando se le pide.

- Acepta una llamada o reunión concreta.

- Avanza en el proceso (define plazos, dudas reales, condiciones).

Si el cliente no responde o aplaza indefinidamente, la oportunidad se **congela o se descarta**. No se persigue por inercia.

3. Cuándo se descarta

Se descarta cuando:

- El cliente solo busca precio.

- No define necesidades claras.

- Pide cambios constantes sin compromiso.

- El esfuerzo no compensa el margen.

- La relación promete ser conflictiva desde el inicio.

Control aquí es poder decir:

"Esto podría ser una venta, pero no es una buena venta."

Qué cambia cuando hay criterio comercial

Sin criterios:

- Todo parece oportunidad.

- Todo se sigue.
- Todo ocupa la cabeza del empresario.

Con criterios:

- Se decide rápido qué entra y qué no.
- Se deja de perseguir lo que no avanza.
- La agenda se limpia.
- El negocio deja de vivir en urgencia.

Control comercial no es vender más. Es **elegir mejor qué vender, a quién y en qué condiciones.**

Un sistema sano no intenta cerrar todo. Intenta cerrar **lo que tiene sentido para la empresa.**

ANEXO III

Ejemplos de pipeline comercial

(modelo sencillo y aplicable a casi cualquier negocio)

Fase 1 · Contacto inicial

El cliente muestra interés: escribe, llama o pide información.
Todavía **no es una oportunidad**. Es solo un primer contacto.

Fase 2 · Oportunidad cualificada

La oportunidad entra en el pipeline **solo si se confirma**:

- Qué problema quiere resolver el cliente.
- Alcance aproximado del servicio.
- Interés real en contratar (no solo "mirar").
- Capacidad de decisión o influencia clara.
- Encaje razonable de presupuesto.

Aquí empieza el pipeline.

Fase 3 · Propuesta preparada

Antes de enviar precio, se define:

- Qué incluye exactamente el servicio.
- Qué no incluye.

- Cómo se va a trabajar.
- Qué resultados se esperan.
- Qué condiciones son innegociables.

Si el cliente no valida este marco, **no se presupuesta**.

Fase 4 · Propuesta presentada

Se envía una propuesta clara, con:

- Alcance definido.
- Condiciones claras.
- Precio defendible.
- Próximo paso acordado.

El cliente entiende **qué compra y en qué condiciones**.

Fase 5 · Decisión

El cliente decide: **sí o no**. No se queda "pensándolo" indefinidamente.

Regla clave del pipeline

Ninguna oportunidad puede estar abierta más de X semanas sin una decisión. Si no la hay, se descarta o se congela, pero no se arrastra.

Un pipeline sano **no acumula oportunidades**, acumula decisiones.

Pipeline comercial simple (modelo base)

Objetivo:

Tener visibilidad real y previsión honesta.

Oportuni-dad	Fase	Importe estimado	Próximo paso	Fecha límite

Fases estándar

1. Contacto inicial
2. Oportunidad cualificada
3. Propuesta preparada
4. Propuesta presentada
5. Decisión (sí / no)

Reglas de uso del pipeline

- Ninguna oportunidad puede estar más de X días sin avanzar.
- Si no avanza → se descarta o se congela.
- No se persiguen oportunidades "por si acaso".
- Pipeline limpio = previsión fiable.
- Pipeline lleno sin criterio = estrés asegurado.

El pipeline no sirve para **tener esperanza**. Sirve para **saber dónde estás y qué va a pasar**.

Un buen pipeline no promete ventas. Te devuelve algo mucho más valioso: **criterio, foco y tranquilidad para decidir**.

ANEXO IV

Ejemplo sencillo de cálculo de costes y precio

(aplicable a casi cualquier pyme de servicios o producto)

Paso 1 · Costes fijos mensuales

Todo negocio tiene unos costes que existen venda mucho o poco:

- Personal
- Alquiler, suministros y herramientas
- Administración y gestión
- Comercial y estructura.

Total costes fijos mensuales: Por ejemplo: **12.000 €**

Paso 2 · Capacidad real de trabajo

No se factura todo el tiempo disponible.

Solo cuenta el **tiempo o volumen realmente aprovechable.**

Por ejemplo:

- 4 personas
- 120 horas útiles al mes cada una.

Capacidad real: 480 horas al mes

Paso 3 · Coste real por unidad

Se divide el coste fijo entre la capacidad real.

12.000 € ÷ 480 horas = **25 € por hora**

Ese es el coste mínimo **antes de ganar nada.**

Paso 4 · Margen mínimo aceptable

El margen no es ambición, es supervivencia.

Por ejemplo, margen mínimo del 50 %:

25 € × 1,5 = **37,50 €**

Ese es el precio mínimo aceptable. Por debajo, se trabaja…
pero se destruye margen.

Paso 5 · Precio final con criterio

A partir del mínimo, se decide el precio según:

- Tipo de cliente

- Nivel de servicio

- Complejidad

- Posicionamiento del negocio.

Por ejemplo:

- Servicio básico: 60 €
- Servicio completo: 120–150 €

Ese margen permite:

- Trabajar con menos urgencia
- Elegir mejor a los clientes
- Dar mejor servicio
- Tomar decisiones con calma.

El precio no se decide en la conversación con el cliente. Se decide **antes**, con costes reales, capacidad real y margen real.

Si no sabes desde dónde bajas el precio, cada descuento es una apuesta.

Y apostar con el margen casi siempre acaba en cansancio.

NOTA FINAL

Trabajar demasiado para ganar tan poco no es una situación inevitable. Es una etapa.

Y se puede salir de ella cuando dejas de hacerlo todo solo y empiezas a **gestionar de verdad**.